# 똑똑한 낱말 퍼즐 1-2

교과 어휘로 시작하는 문해력 첫걸음

# 추천사

## 낱말의 힘, 문해력의 시작

 매일 아침 아이들과 한 줄 쓰기를 한 적이 있습니다. 아이들이 풀어내는 한 문장에는 그 아이의 어제와 오늘의 기분이 드러나기도 하고 때로는 기발한 생각이 담겨 있습니다. 이런 말을 모으면 굉장한 보물상자가 됩니다. 그러나 그 한 줄을 어떻게 시작해야 할지 몰라 망설이는 아이들도 있습니다. 막막하고 두려움을 느끼는 걸 종종 봅니다. '대박! 헐! 재미있었다' 등 쓰는 단어만 반복적으로 사용하기도 합니다.

 어휘력이 부족하면 책에서 아무리 유익한 정보를 던져줘도 받아먹지를 못합니다. 뜻을 잘 알아야 문장을 이해할 수 있고, 문장을 이해해야 교과 내용을 알아들을 수 있습니다. 낱말을 정확히 알고 있는 아이는 표현이 달라지고, 목소리가 또렷해지고, 수업 시간에 생기가 돕니다. 저학년 때부터 낱말의 정확한 뜻을 알고 익혀야 하는 이유입니다. 우리 아이들은 AI가 글을 쓰고 정보를 찾아주는 시대에 살고 있습니다. AI가 그럴듯하게 글을 써줄 수는 있어도 판단할 줄 아는 능력은 내 언어로 생각하고, 말하고, 쓸 수 있는 힘, 바로 문해력입니다.

 이 책은 1학년 2학기 국어 교과서에 나오는 핵심 낱말들을 중심으로 놀이하듯 익히도록 구성하였습니다. 낱말의 뜻을 유추하는 퍼즐 형식과 즐겁게 배울 수 있는 교과 연계 놀이를 더했습니다. 이 과정에서 아이들의 어휘력은 물론 사고력, 관찰력까지 함께 자라납니다. 어릴 때부터 글을 읽고, 쓰고, 생각을 나누는 습관은 아름다운 사회의 변화를 이끌어내는 중요한 요소라고 생각합니다. 우리 아이들이 말과 글 공부를 통해 자신만의 '정체성(identity)'을 찾아가는 과정을 즐기기를 응원합니다.

**김연숙(우촌초등학교 교감)**

# 일러두기

1. 1학년 2학기 교과서 〈국어 ㉮〉, 〈국어 ㉯〉, 〈국어 활동〉에 나오는 핵심 낱말들을 중심으로 구성되어 있습니다. 보존, 재치, 존중처럼 아이들에게 다소 어렵게 느껴지는 어휘도 포함되어 있지만 실제로 교과서 속에서 만나게 되는 낱말들입니다.

2. 이 교재는 총 6단계로 구성되어 있으며, 각 단계마다 7세트의 낱말퍼즐과 4개의 학습 연계 놀이터가 들어 있습니다. 1학기와 2학기 전 과정을 마치고 나면 초등 1학년이 꼭 알아야 할 600여 개의 필수 낱말을 익힐 수 있습니다. 놀이터에는 넌센스 퀴즈 풀기, 낱말 찾기, 그림자 찾기, 미로 찾기 등을 담아 재미를 더했습니다.

3. 뜻풀이는 국어사전을 기본으로 하였고, 실제로 어떻게 쓰이는지 알 수 있도록 예문을 함께 넣었습니다. 뜻풀이를 보고 답이 떠오르지 않을 때는 연결된 다른 칸의 퍼즐을 먼저 풀어보세요. 이어지는 낱말에서 힌트를 얻어 스스로 낱말을 유추해 내는 힘이 길러집니다.

4. 낱말퍼즐을 하나씩 완성할 때마다 p.125 〈정말 잘했어요!〉에 칭찬 스티커를 붙여주세요. 아이의 성취감을 키워줍니다. 또한 p.126 QR코드를 통해 정답지와 놀이터를 포함한 무료 워크시트를 함께 활용하면 학습효과는 더욱 높아집니다.

# 1단계

- 낱말퍼즐 1
- 낱말퍼즐 2
- 낱말퍼즐 3
- 낱말퍼즐 4
- 낱말퍼즐 5
- 낱말퍼즐 6
- 낱말퍼즐 7
- 놀이터 1
- 놀이터 2
- 놀이터 3
- 놀이터 4
- 정답지

## 가로 뜻풀이

1 머리카락을 양쪽으로 가르면 생기는 금. ○○○를 타다.

3 형제, 자매 중 맨 마지막에 태어난 사람. 제 동생은 우리 집 ○○예요.

4 옛날에 쓰였던 물건이나 예술품을 모아 보관하고 전시해 놓은 곳. 자연사 ○○○, 한국사 ○○○

## 세로 뜻풀이

1 사계절 중 세 번째 계절(봄, 여름, ○○, 겨울). 열매가 익고 단풍이 물들며, ○○은 '독서의 계절'이라고도 해요.

2 맨 끝 또는 맨 나중. ㉾ 처음

5 모양이 있고 만질 수 있는 것. ㉑ 물체

6 불을 끄거나 화재를 예방하는 일을 하는 사람. 소방서에서 근무해요.

공부한 날 _____월 _____일 _____요일

## 가로 뜻풀이

1 선생님과 학교에서 공부하는 시간. 쉬는 시간이 더 좋긴 해요.

3 어떠한 것에 대해 즐겁고 신이 나는 기분. ○○있는 만화.

4 어떤 내용을 말이나 글로 다른 사람에게 알려주는 것. "새로 전학 온 지호의 ○○를 들어보자."

## 세로 뜻풀이

1 여름 대표 과일 중 하나로 열매는 크고 둥글며, 겉에 검은 줄무늬가 있어요. '○○ 겉핥기'라는 속담도 있어요.

2 일정하게 시간을 나눠서 할 일을 적은 표. 수업 ○○○

3 무언가를 만들 때 꼭 필요한 것. 된장찌개 만들 때는 두부, 버섯, 호박, 감자 등의 ○○가 필요해요.

4 사람들 입에 오르내리며 전해 들은 말.

5 천둥과 함께 하늘에서 빠르게 번쩍이는 불빛. 비가 오기 전이나 비가 올 때 볼 수 있어요.

공부한 날 _____월 _____일 _____요일

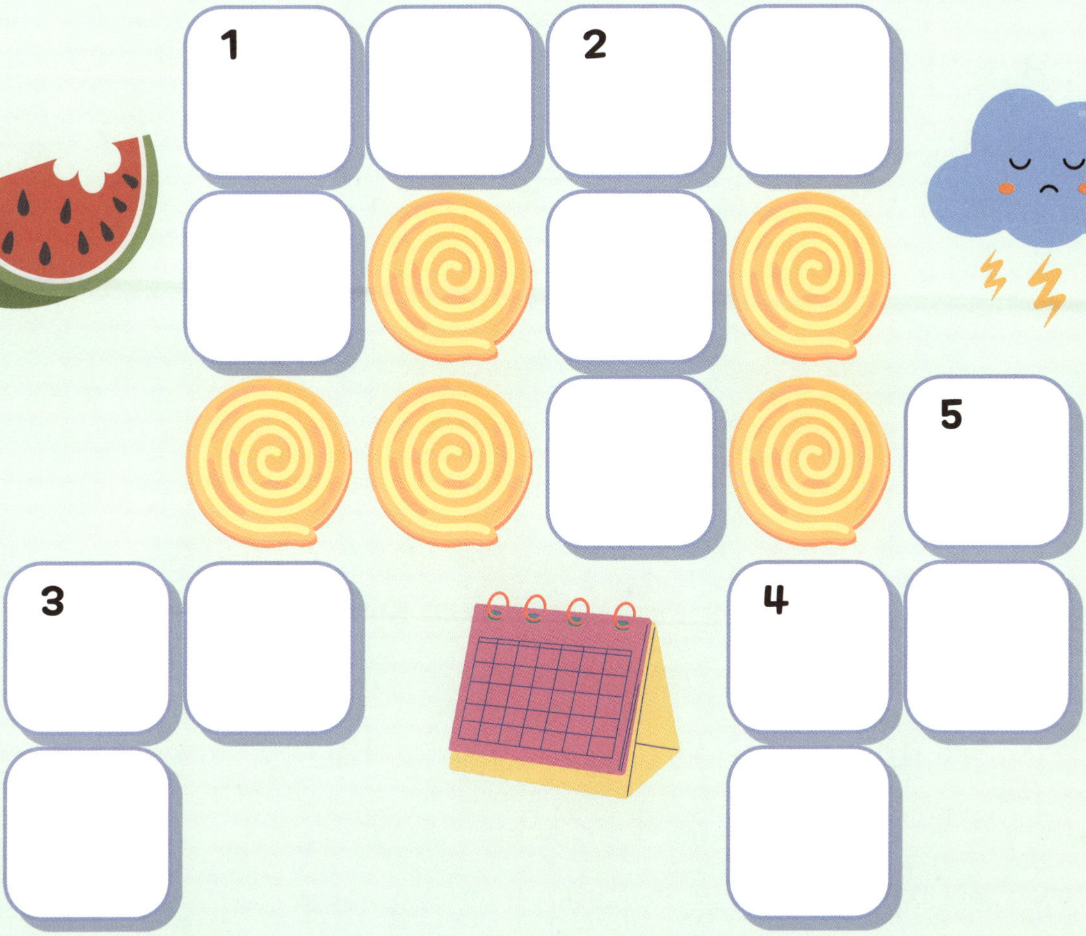

|   | 1 |   | 2 |   |
|---|---|---|---|---|
|   |   |   |   |   |
|   |   |   |   | 5 |
| 3 |   |   | 4 |   |
|   |   |   |   |   |

정답은 24쪽에 있어요!

## 가로 뜻풀이

1 한글을 만든 조선 시대 왕. 측우기, 해시계, 물시계 등의 과학 기구도 발명하셨어요.

3 발의 윗부분. 믿는 도끼에 ○○찍힌다. ⑲ 발바닥

4 책을 읽는 것. 가을은 ○○의 계절!

## 세로 뜻풀이

1 손이나 얼굴을 씻는 것. "오늘 늦잠을 자서 ○○도 못 하고 학교에 뛰어갔어."

2 위험이나 피해를 보지 않기 위해 일시적으로 피함. 폭우로 건물 입구가 물에 잠겨 옥상으로 ○○했다.

3 세상에 없는 새로운 기술이나 물건을 창조하여 만들어내는 것에 뛰어난 사람.

5 무엇인지 어떻게 사용하는지 등을 설명한 글.

공부한 날 ________월 ________일 ________요일

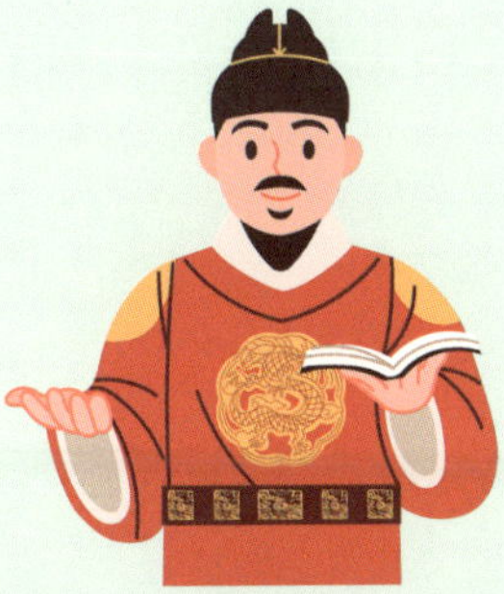

3

1 2

5

4

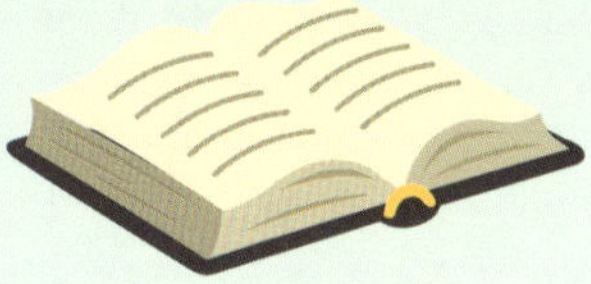

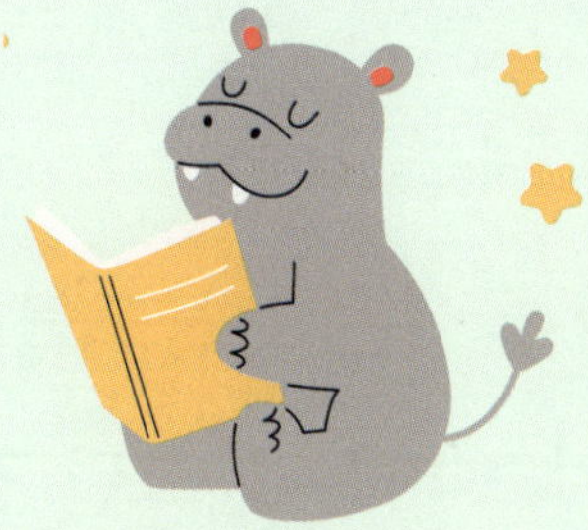

정답은 24쪽에 있어요!

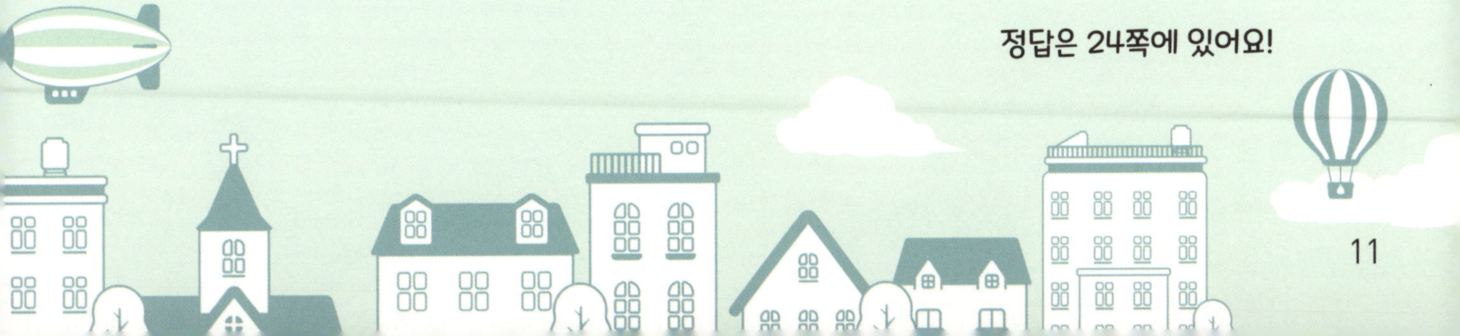

## 가로 뜻풀이

1 바닷가나 섬 같은 곳에 탑 모양으로 높이 세워져 있는 것. 불을 켜서 밤에 다니는 배에 길과 위험한 곳을 알려줘요.

3 오징어와 비슷한 바다에 사는 연체동물로 다리가 여덟 개이며 몸이 둥글고 눈이 커요.

5 텔레비전이나 컴퓨터에서 그림이나 영상이 나타나는 면.

7 가을에 잎이 노랗고 빨갛게 물들어 있는 나무. 설악산은 가을이면 형형색색 물든 ○○○○가 장관을 이룬다.

## 세로 뜻풀이

2 큰 문. 집 안팎으로 출입하기 위해 담에 크게 세운 문.

4 사람의 몸에서, 목의 아래에서 팔이 이어지는 부분. "어제 공을 너무 많이 던져서 ○○가 너무 아파."

6 뜨거운 물에 수프와 함께 넣어 끓이는 꼬불꼬불한 국수.

7 옷을 입고 벗을 때 편하게 하려고 다는 동그란 것.

8 춤, 노래, 연극을 공연하기 위하여 만들어 놓은 공간.

공부한 날 _____월 _____일 _____요일

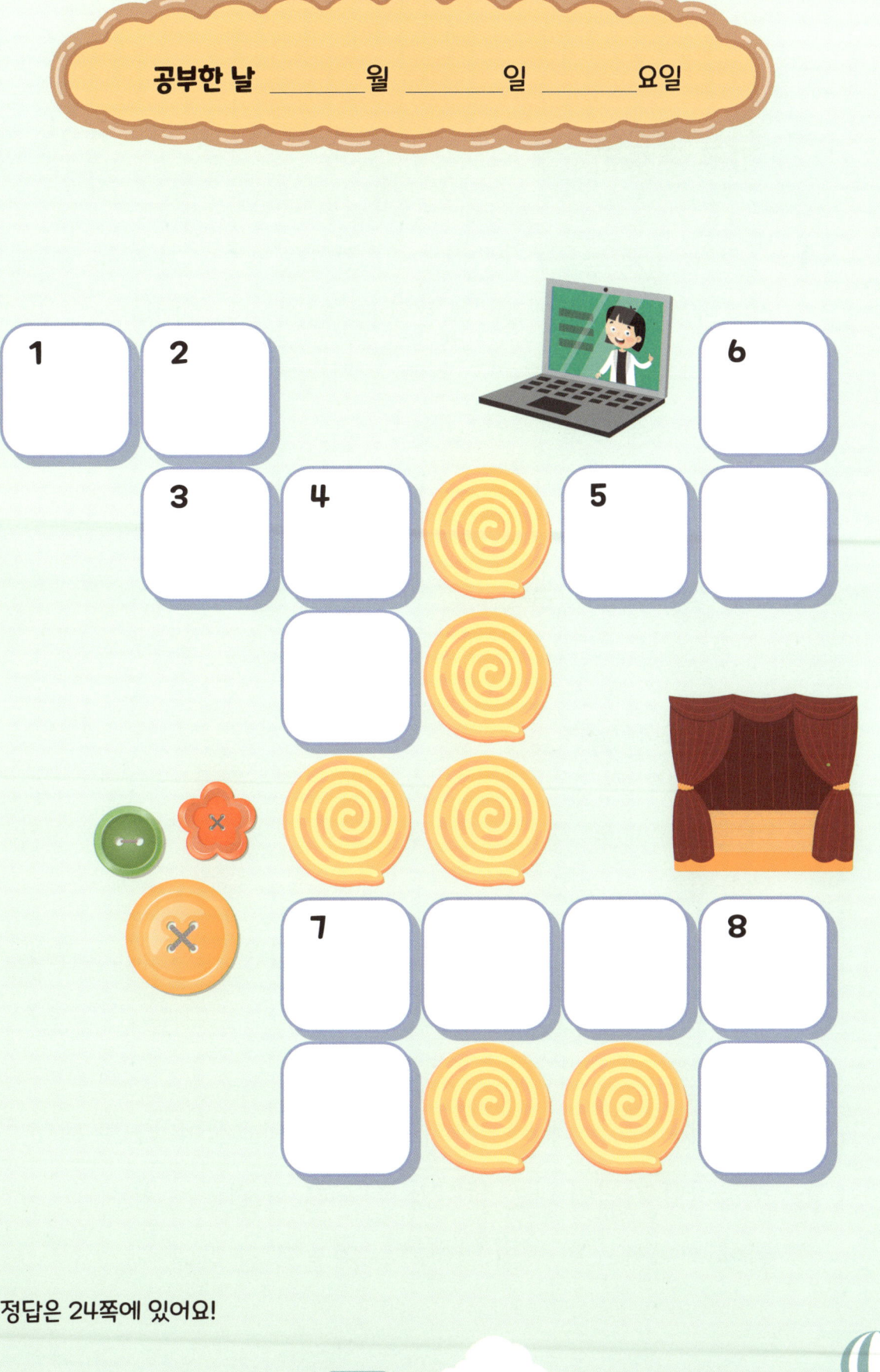

정답은 24쪽에 있어요!

## 가로 뜻풀이

1 손가락 모양으로 누가 이기는지 정하는 놀이. '가위'는 '보'에게, '바위'는 '가위'에게, '보'는 '바위'에게 각각 이겨요.

5 어떤 일을 실제로 겪는 것처럼 느끼는 것. "심청이 연기는 내가 ○○나게 잘할 수 있어!"

7 땅속 뜨거운 마그마가 터져 나와 만들어진 산.

## 세로 뜻풀이

1 어느 한쪽으로 치우치지 않은 한복판. 식탁 ○○○ 꽃병을 놓았어요. ㉥ 중앙

2 사실과 어긋남이 없고 삐뚤어지거나 굽은 데가 없이 곧다. 공부할 때 ○○자세는 중요해요.

3 여름철의 더운 기운. 찜통○○, 무○○

4 학교에서 아프거나 다치면 치료하는 곳. 양호실이라고도 해요.

6 콧물이나 기침이 나는 날씨가 추울 때 잘 걸리는 병.

7 활에 끼워서 쏘면 멀리 날아가는 가늘고 긴 막대.

공부한 날 _____월 _____일 _____요일

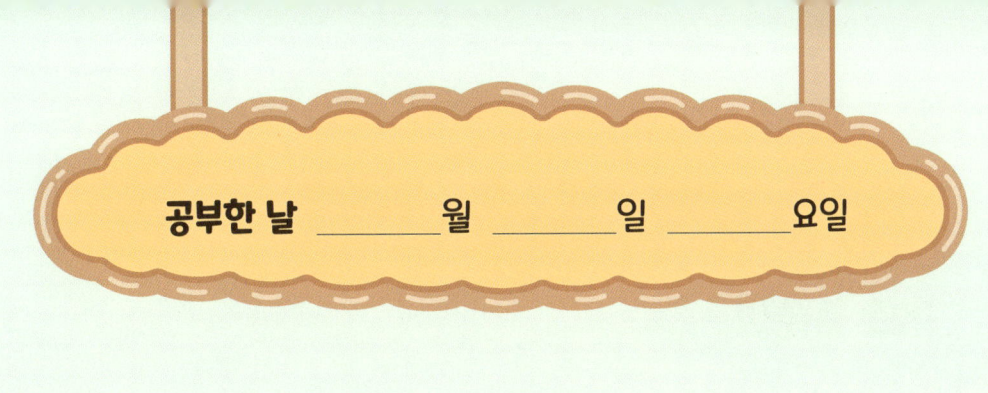

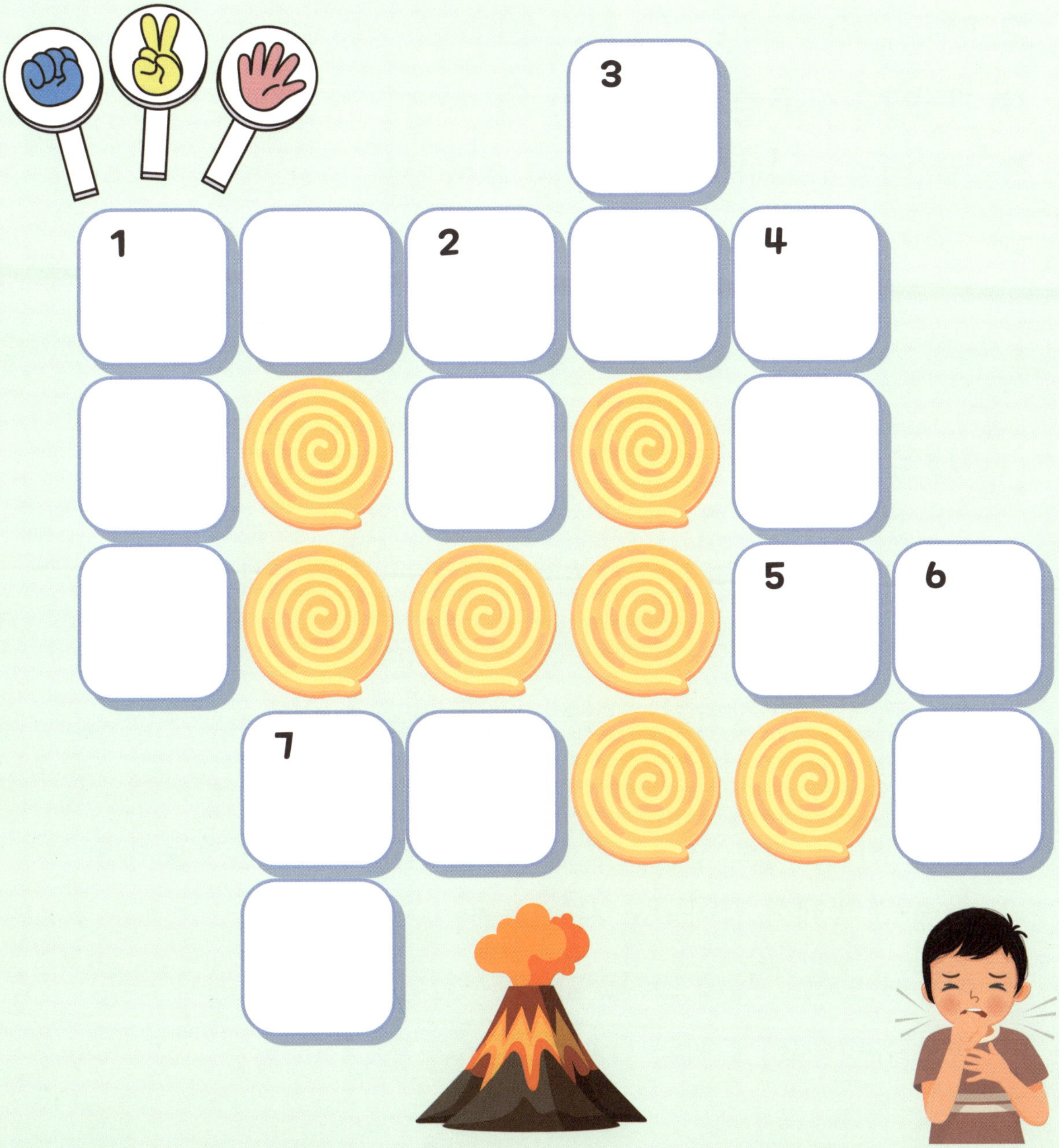

정답은 24쪽에 있어요!

## 가로 뜻풀이

1 남의 것을 훔치거나 빼앗는 나쁜 짓을 하는 사람.
2 땅속에 개미들이 구멍을 파고 모여 사는 곳.
4 거짓말을 아주 잘하는 사람.
5 가까이 또는 나란히 있어서 서로 붙어 있음. ○○집, ○○사촌

## 세로 뜻풀이

1 잡히지 않으려고 피하거나 달아나는 것. 벽에 낙서하던 친구들은 선생님을 보자 모두 ○○갔다.
2 심하고 짓궂게 장난치는 아이. 내 동생 곱슬머리~ ○○○○ 내 동생~
3 머리, 가슴, 배로 구분되며 끈적끈적한 실을 뽑아 그물처럼 쳐 놓고 벌레를 잡아먹고 사는 동물.
4 행동이 느리고 등에 납작하고 둥근 껍질을 가진 오래사는 동물로 유명해요. 토끼와 ○○○

공부한 날 _____월 _____일 _____요일

정답은 24쪽에 있어요!

## 가로 뜻풀이

1 연극, 영화, 소설에 나오는 인물. 이번 연극은 무대장치와 ○○○○의 조화가 뛰어났다.

3 사람들이 생활하는 여러 집이 모여 있는 곳. 우리 ○○는 버스 정류장과 지하철이 가까워서 교통이 편리해요.

4 사람과 가장 닮은 동물로 꼬리가 길고 바나나를 좋아하며 나무를 잘 타요.

6 유리가 끼워진 창.

## 세로 뜻풀이

2 된장을 풀어 두부, 호박, 양파, 감자 등을 넣고 끓인 찌개.

3 살아있는 많은 동물을 사람들한테 구경시켜 주는 곳. 어릴 때 자주 가요.

5 말이나 글의 뜻을 잘 알게 되는 것. 책을 보면서 ○○되지 않는 내용이 있다면 부모님께 도움을 청해 보세요.

7 소의 젖. 음료로 마시거나 아이스크림이나 버터, 치즈 등의 원료로도 쓰인다.

공부한 날 _____월 _____일 _____요일

정답은 24쪽에 있어요!

그림에 사용된 색과 같은 색을 연결해 보세요.

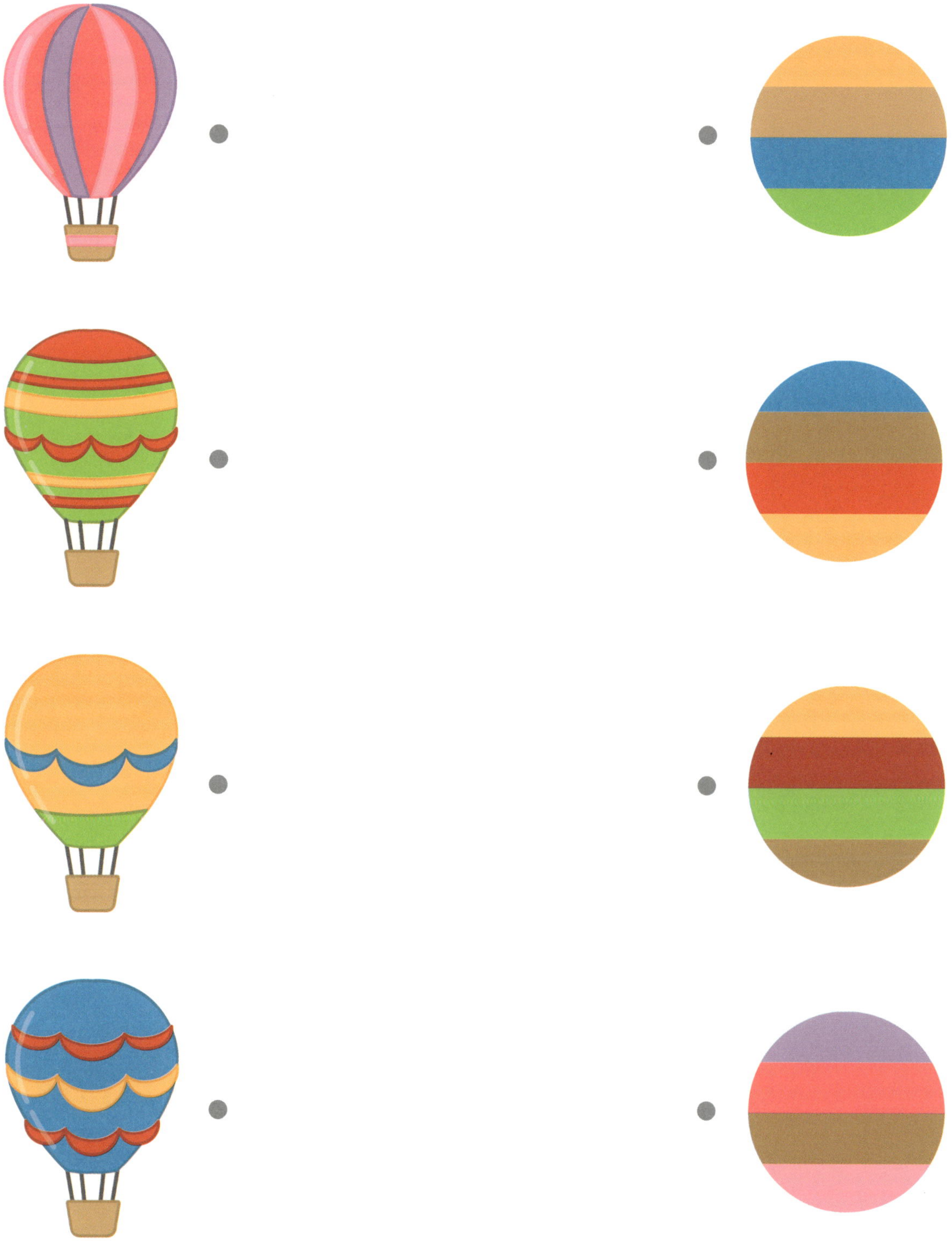

정답은 24쪽에 있어요!

그림에 어울리는 흉내내는 말을 이용해 문장을 완성해 보세요.

 보기    울긋불긋    둥실둥실    후두둑    살랑살랑

파란 하늘에 구름이 (        ) 떠 있습니다.

단풍잎이 바람에 (        ) 춤을 춥니다.

갑자기 빗방울이 (        ) 떨어지기 시작했어요.

가을 설악산은 온통 (        ) 해요.

정답 : 둥실둥실, 살랑살랑, 후두둑, 울긋불긋

**넌센스 퀴즈를 풀어 보세요.**

1 왕이 넘어지면? _____

2 새가 한숨을 쉬면? _____

3 바나나가 웃으면? _____

4 병아리가 좋아하는 약은? _____

5 이상한 사람들이 모인 곳은? _____

6 약은 약인데 아껴 먹어야 하는 약은? _____

7 돼지가 뀌는 방귀? _____

8 싸움을 제일 잘 하는 나라는? _____

정답 : 1-킹콩, 2-한숨새, 3-바나나킥, 4-삐약, 5-치과, 6-장약, 7-돈까스, 8-칠레

그림에 있는 글을 읽고 〈보기〉에서 적당한 낱말을 찾아 써 보세요.

**보기**  행복하다   설렌다   속상하다   재미없다   든든하다

기분 좋게 학교에 다녀와 집으로 돌아온 나. 웃으며 "학교 다녀왔습니다" 인사를 했는데, 엄마는 동생만 쳐다보며 인사를 해주셨어요. 지금의 내 기분은 어떨까요?

정답 : 속상하다

# 정답

P.7

P.9

P.11

P.13

P.15

P.17

P.19

P.20

# 2단계

- 낱말퍼즐 1
- 낱말퍼즐 2
- 낱말퍼즐 3
- 낱말퍼즐 4
- 낱말퍼즐 5
- 낱말퍼즐 6
- 낱말퍼즐 7
- 놀이터 1
- 놀이터 2
- 놀이터 3
- 놀이터 4
- 정답지

## 가로 뜻풀이

1 내 물건이나 정보를 다른 사람이 보지 못하도록 미리 정해놓은 숫자나 글자.

4 오랫동안 서로 만나지 못하고 떨어지거나 헤어짐. 🔵 작별

6 사람의 힘이 더해지지 않은 스스로 존재하거나 저절로 이루어진 것. ○○미인 🔴 인위

7 참새만 한 크기에 꾀꼴꾀꼴 우는 여름새. 몸빛이 노랗고 꼬리와 날개 끝이 검으며, 정수리에 검은 띠가 있어요.

## 세로 뜻풀이

1 어떤 사실, 사물, 내용을 남에게 알리거나 보이지 않게 하는 것. 🔴 공개

2 남에게 알리지 않고 숨기는 일. 알려서는 안 되는 일. "오늘 떡볶이 사 먹은 건 우리 둘만의 ○○이야."

3 등은 누런 갈색이고 검은 가로무늬가 있는 '어흥~'하면 생각나는 우리 민족의 상징 동물.

5 하늘의 별들을 몇 개씩 이어서 이름을 붙여 놓은 것. 황소, 쌍둥이, 물고기자리 등이 있어요.

공부한 날 _____월 _____일 _____요일

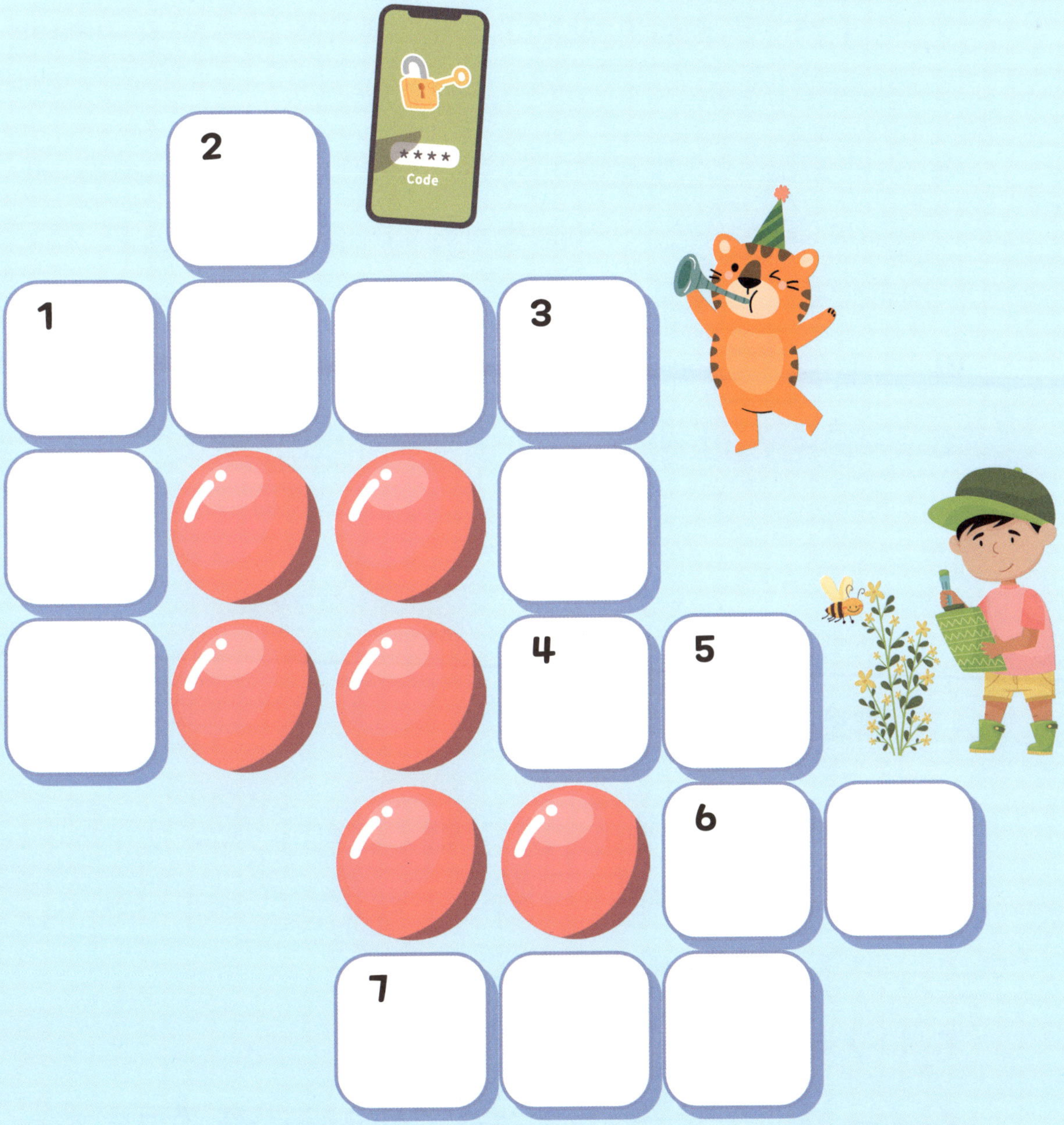

정답은 44쪽에 있어요!

## 가로 뜻풀이

1 여러 가지를 빼놓지 않는다는 뜻. 음식을 ○○○ 잘 먹어야 건강해져요.

3 키가 크고 줄기가 굵으며 땅에 뿌리를 내리고 사는 식물. 땔감으로도 사용하고, 집을 짓거나 가구, 그릇을 만들 때 사용하기도 해요.

4 휴대하여 사용하기 편하게 만든 노트 크기만 한 컴퓨터.

6 농사짓는 일이 직업인 사람. 농사꾼이라고도 하죠.

## 세로 뜻풀이

2 끝이 꼬부라지고 뾰족한 물건. 비 갈고랑이

3 두 쌍의 예쁜 날개로 날아다니며 꽃의 꿀을 빨아 먹고 사는 곤충. ○○는 낮에 주로 활동한대요.

5 지구 북쪽 끝. 반 남극

6 소나 돼지 등의 가축을 키우기도 하고, 농사를 짓기도 하는 땅이나 장소.

공부한 날 _____월 _____일 _____요일

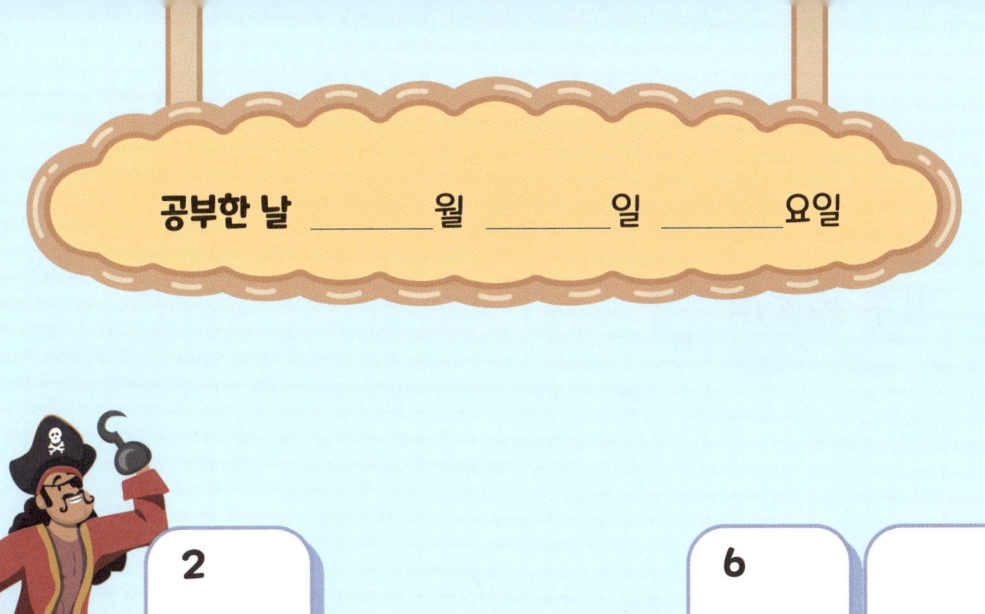

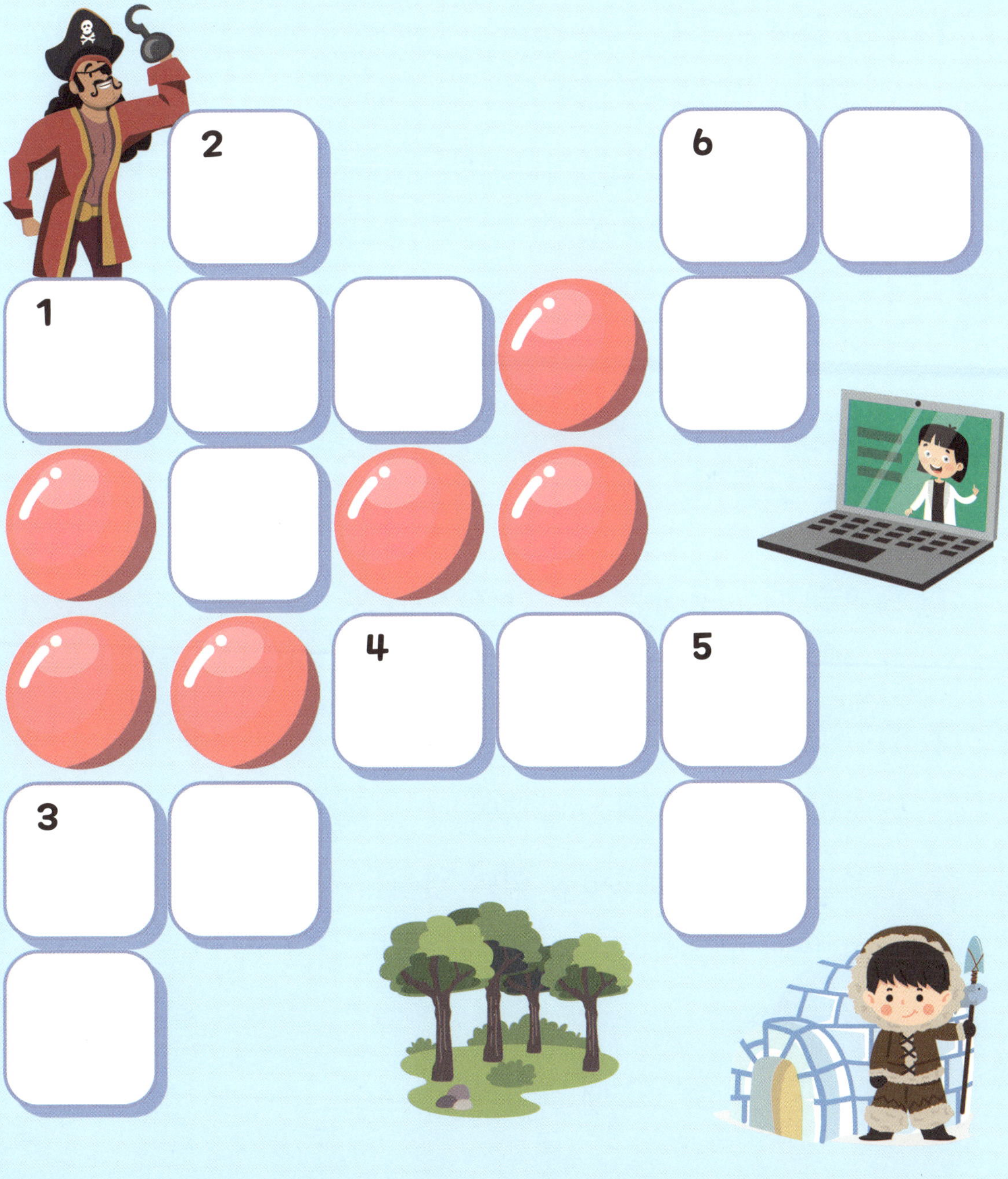

정답은 44쪽에 있어요!

## 가로 뜻풀이

1 양을 돌보는 일을 하는 소년. ○○○○○은 늑대가 나타났다고 또다시 거짓말을 했어요.

5 어린이를 위하여 지은 이야기책. 잠들기 전에 엄마가 ○○○을 늘 읽어 주세요.

## 세로 뜻풀이

1 요리할 때 사용하는 주먹만 한 채소로, 겹겹이 싸여져 있어요. 매운맛과 향이 나지만 불로 가열하면 단맛으로 바뀐답니다.

2 빨간색에 깨와 같은 씨들이 박혀있는 새콤달콤 봄철 과일.

3 짠맛이 나는 흰색 작은 알갱이.

4 신체적, 정신적으로 한창 힘이 넘치는 젊은 성인 남자.

6 깊이 느껴 마음이 움직이는 것. 책을 읽고 ○○받은 부분을 적어보세요.

7 책을 읽거나 공부할 때 앉는 상.

공부한 날 _____월 _____일 _____요일

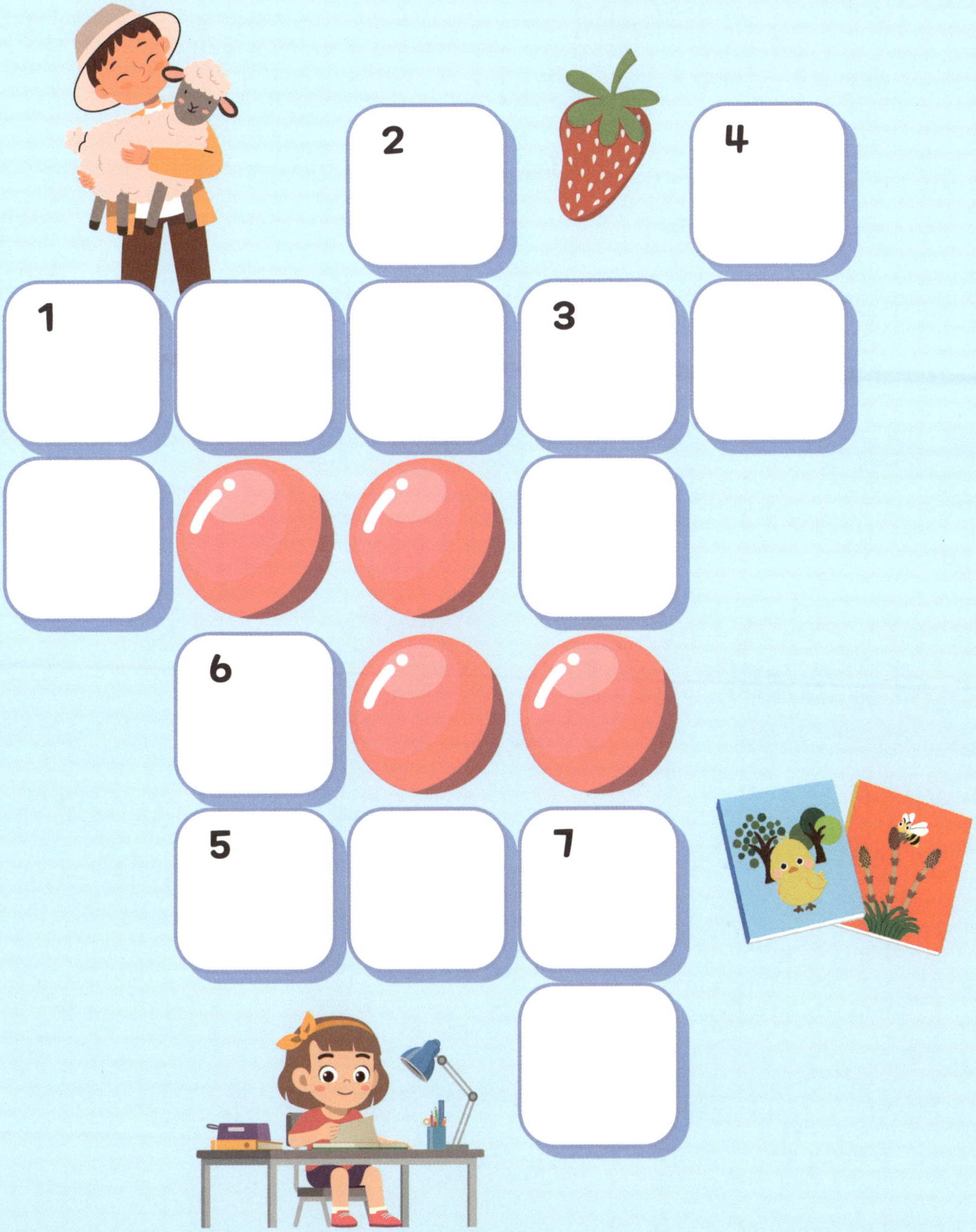

정답은 44쪽에 있어요!

## 가로 뜻풀이

1 가을에 부는 선선한 바람.

4 아버지의 어머니. 할아버지의 부인을 이렇게 불러요.

6 산과 산 사이를 따라 기다랗게 움푹 파여 들어가 물이 흐르는 골짜기.

7 국민의 안전과 재산을 보호하고 범죄를 막아줘요. 도둑이 들면 바로 ○○서에 신고하세요!

## 세로 뜻풀이

2 위험을 무릅쓰고 잘 알려지지 않은 어떤 곳을 찾아가 살펴보고 조사하는 사람. 나의 꿈은 미지의 세계 ○○○입니다.

3 대나무나 갈대를 잘게 쪼개어 둥글게 만든 그릇.

5 동물이나 사람의 목 윗부분. 얼굴 포함 머리털이 있는 부분.

6 위층과 아래층을 오르내리기 위해 만든 층층대. "엘리베이터가 고장 나서 ○○으로 올라갔어."

7 일정한 거리를 달려 빠르기를 겨루는 경기. 토끼와 거북이는 달리기 ○○를 했어요.

공부한 날 _____월 _____일 _____요일

정답은 44쪽에 있어요!

### 가로 뜻풀이

1 놀이공원이나 수영장 등 공공장소에서 안전을 지키는 일을 하는 사람.

3 노란 빛깔의 닭의 새끼. 삐약삐약 하고 울어요.

4 아직까지 없던 물건이나 기술을 새로 생각하여 만들어 냄. ○○왕 에디슨

5 말을 할 때 소리를 내는 일. 아기들의 말은 이것이 정확하지 않아 알아듣기 힘들어요.

### 세로 뜻풀이

1 차를 탈 때 사고로부터 안전할 수 있도록 반드시 매어야 하는 것. 놀이기구를 탈 때에도 꼭 매어야 해요.

2 전기를 사용하는 물건에 다시 전기를 채우는 것. 휴대전화 배터리는 ○○해서 사용해요.

3 아픈 곳을 진찰하고 치료하는 곳. 의사 선생님과 간호사 선생님이 계신 곳이에요.

4 발을 옮겨서 걷는 동작. 약속 시간이 가까워져 오자 마음이 급해져서 ○○○을 재촉했어요.

공부한 날 _____월 _____일 _____요일

정답은 44쪽에 있어요!

## 가로 뜻풀이

1 산과 들에서 나고 자란 동물.

5 걸리는 시간이 짧게. ㉙ 천천히

6 어떤 일이 일어난 다음 날. 감기가 심해져 ○○○까지 학교에 가지 못했다.

7 아직 몰랐던 새로운 사실이나 감추어져 있던 물건을 찾아내는 것. "나무에 붙어있던 매미를 ○○했어."

## 세로 뜻풀이

2 파마하지 않은 자연 그대로의 머리.

3 몸을 단련하거나 건강을 위해 움직이는 일. 형은 ○○중에 농구를 가장 좋아해요.

4 물속이나 물가에서 하는 놀이.

8 어떤 곳을 가거나 어떤 일을 시작할 때 이렇게 말해요. ○○~! ㉙ 도착

공부한 날 _____월 _____일 _____요일

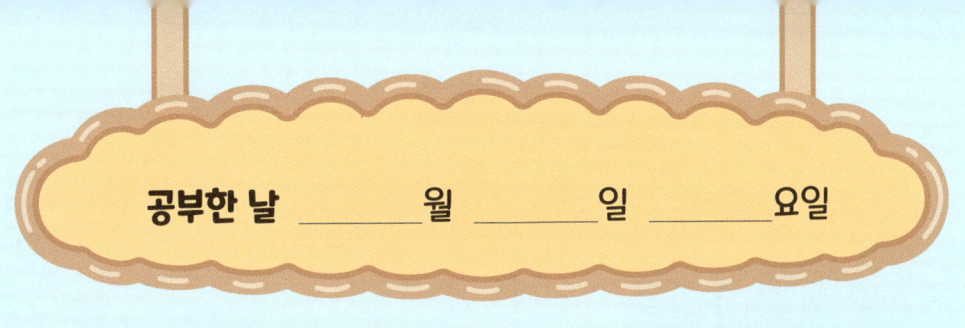

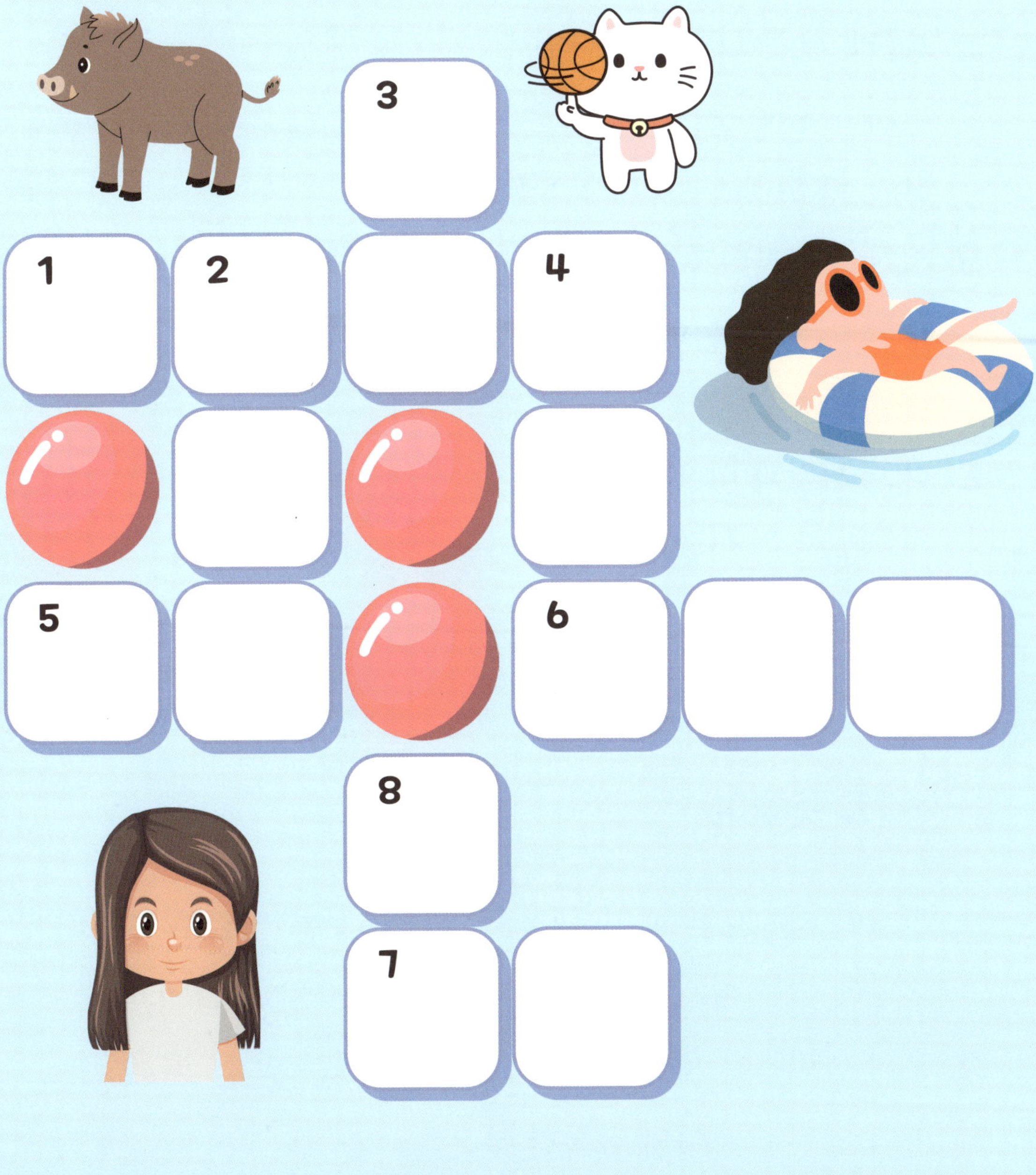

정답은 44쪽에 있어요!

## 가로 뜻풀이

1 일정한 사실을 자세하게 이야기하고 알리는 것. 불이 나면 119에, 나쁜 사람을 만나면 112에 ○○해요.

2 편지나 택배 같은 우편물을 전해 주는 일을 하며, 예금, 보험 같은 은행 일도 하고, 우표도 팔아요.

3 시간이나 거리가 몹시 떨어져 있는 상태. ㉘ 가까이

4 부탁하는 것을 들어줌. 친구 집에 놀러 가려고 엄마에게 ○○을 받았다.

5 다른 사람과 앞으로 어떻게 할 것인가를 미리 정하는 것. 지호는 ○○ 시간보다 30분이나 늦었다.

## 세로 뜻풀이

1 문자와 사진으로 매일 아침 다양한 정보를 빠르고 정확하게 전달해 주는 정기 간행물. 아빠는 매일 ○○을 읽어요.

2 우리 한민족이 세운 나라를 스스로 일컫는 말.

4 배와 엉덩이 사이의 잘록한 부분.

6 마음이 불편하고 우울한 상태. 친구와 싸워서 ○○하다.

공부한 날 _____월 _____일 _____요일

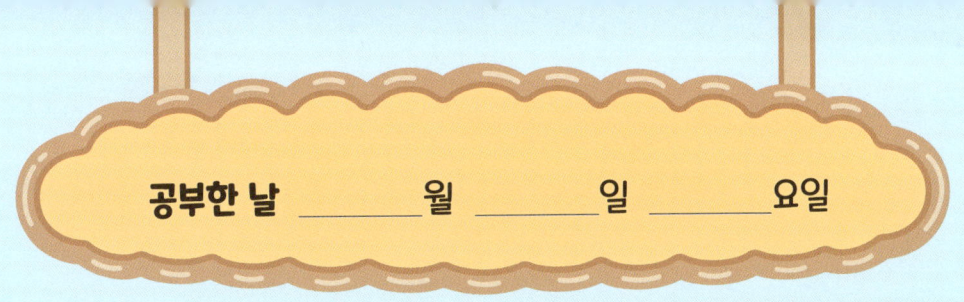

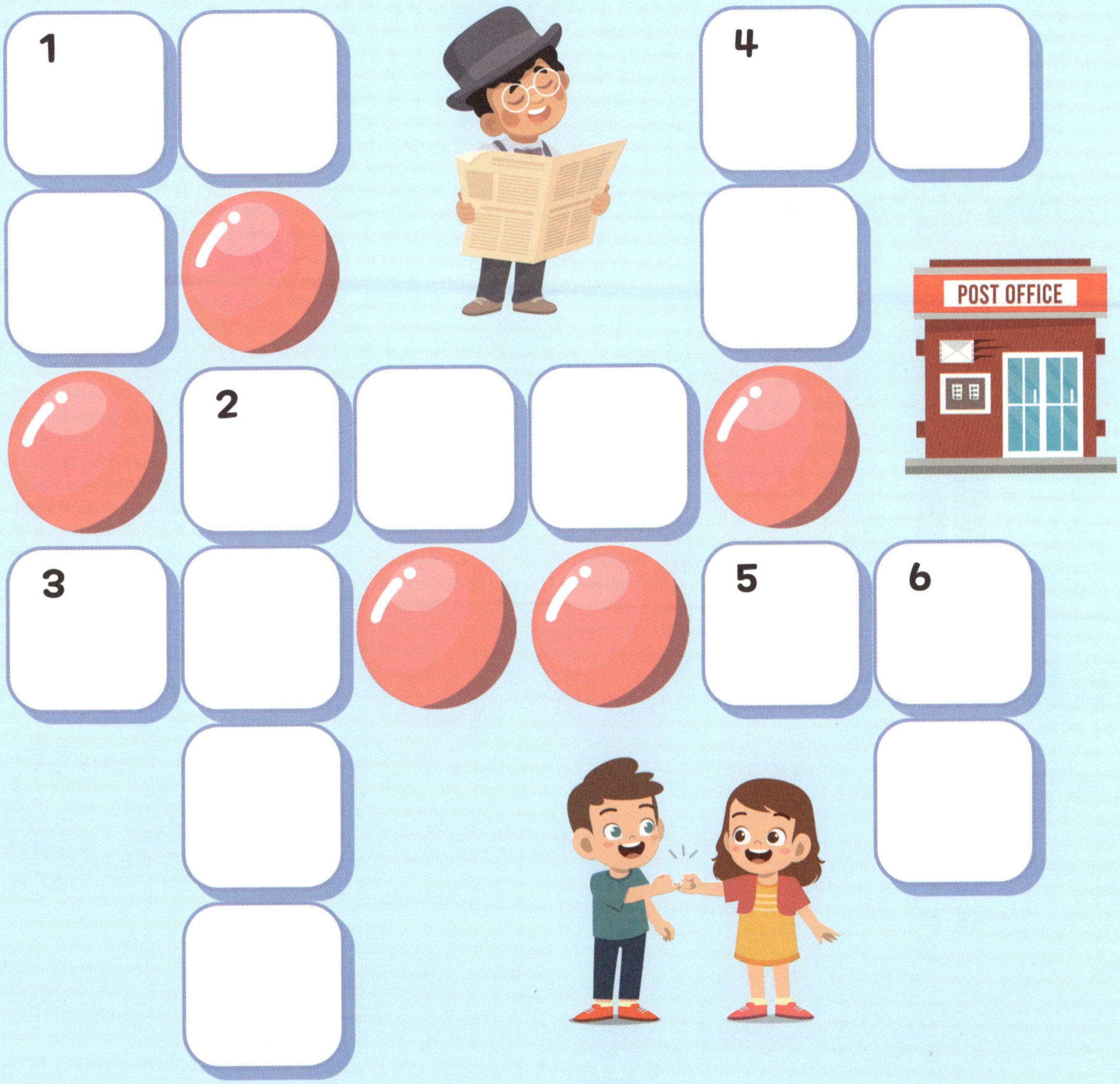

정답은 44쪽에 있어요!

### 직업에 맞는 이동수단을 찾아 연결해 보세요.

정답은 44쪽에 있어요!

수와 수의 이름을 알맞게 연결해 보세요.

사십칠 •　• 41 •　• 쉰다섯

사십일 •　• 47 •　• 마흔일곱

육십삼 •　• 55 •　• 마흔하나

오십오 •　• 56 •　• 예순셋

오십육 •　• 63 •　• 쉰여섯

정답은 126쪽에 있어요!

## 일상생활 속 사자성어를 알아보아요.

**한자 뜻**

쓴 것이 다하면 단 것이 온다.

| 苦 | 盡 | 甘 | 來 |
|---|---|---|---|
| 쓸 고 | 다할 진 | 달 감 | 올 래 |

**뜻풀이**

힘든 일을 겪은 뒤에는 좋은 일이 온다는 뜻이에요.

### 한자와 뜻풀이를 따라 써 보세요.

| 苦 | 盡 | 甘 | 來 |
|---|---|---|---|
|   |   |   |   |

열심히 축구 연습했더니 금메달을 받았어!

| 비슷한 뜻의 사자성어 |

**우공이산(愚公移山)**

끈기 있게 노력하면 큰 일도 이룰 수 있다.

해적선이 금은보화를 찾을 수 있도록 바르게 쓴 낱말을 따라가며 미로를 빠져나가 보세요.

정답은 126쪽에 있어요!

# 정답

P.27

P.29

P.31

P.33

P.35
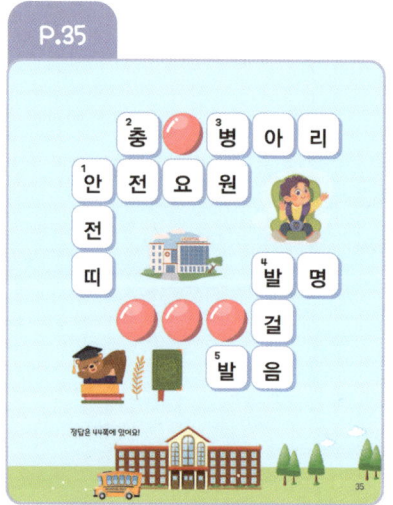

P.37

P.39

P.40

# 3단계

낱말퍼즐 1
낱말퍼즐 2
낱말퍼즐 3
낱말퍼즐 4
낱말퍼즐 5
낱말퍼즐 6
낱말퍼즐 7
놀이터 1
놀이터 2
놀이터 3
놀이터 4
정답지

## 가로 뜻풀이

1 머리 위 장식깃은 왕관을 쓴 것처럼 깃털이 삐죽하고, 꼬리의 꽁지깃을 활짝 펼치면 화려한 부채모양의 새로 수컷은 색이 화려하지만, 암컷은 갈색으로 꼬리가 짧아요.

4 여름에 길가에 흔히 자라는 옅은 풀색의 식물로 잎은 길고 강아지 꼬리처럼 생겼어요.

8 노란 꽃의 씨로 흰 깃털이 있어 바람을 타고 멀리 퍼져나간답니다.

## 세로 뜻풀이

2 물건이나 그림, 글, 노래같이 예술 창작 활동으로 얻어진 결과. "글짓기 대회에서 수상한 ○○에는 상장과 상패를 준대."

3 짹짹~ 하고 우는 갈색빛의 작은 새. 가을에 농작물을 해치는 이 새를 쫓기 위해 논에 허수아비를 세워요.

5 성인 남자를 부르는 말. ㉯ 아주머니

6 아버지의 아버지. 할머니의 남편을 이렇게 불러요.

7 잔디가 많이 난 땅. 이곳에 돗자리를 깔아놓고 놀기도 하죠.

**공부한 날** _____월 _____일 _____요일

정답은 64쪽에 있어요!

## 가로 뜻풀이

1 사과, 배, 포도, 복숭아 같은 과일을 파는 가게.
4 환자가 병을 고치기 위해 병원에 들어가 일정한 기간 동안 머무는 것. 반 퇴원
5 여러 사람들이 모여 즐겁게 노는 일.

## 세로 뜻풀이

1 열매를 얻기 위해 과일나무를 심은 밭. 동구 밖~ ○○○길~
2 오늘의 다음 날. "오늘은 시간이 너무 늦었으니, ○○ 다시 이야기하자."
3 규칙을 정해 놓고 승부를 겨루는 놀이. 비 경기, 시합
4 학교에 들어가 학생이 되는 것.
6 동물이 살기 위해 먹는 것. 어미 새가 새끼 새에게 ○○를 물어다 줘요.

공부한 날 _____월 _____일 _____요일

정답은 64쪽에 있어요!

## 가로 뜻풀이

1 나무로 만든 말을 타면 원을 그리며 빙빙 돌아가는 놀이기구. 놀이공원에 가면 이것부터 타요.
3 친목이나 무엇을 기념하기 위한 잔치나 모임.
4 땅이 움푹하게 파인 곳.

## 세로 뜻풀이

1 한 곳을 중심으로 빙빙 도는 것. 체조 경기에서도 많이 볼 수 있어요. 공중 3○○
2 돈을 내고 목욕을 할 수 있는 곳. 대중 ○○○
3 머리를 구불구불하게 하거나 곧게 펴서 오랫동안 지속되도록 만드는 일. 또는 그런 머리 모양.
4 즐겁고 신기한 것을 보는 것. "나는 마트에서 장난감 ○○하는 게 제일 좋아."
5 한 어머니에게서 한꺼번에 태어난 두 아이.

공부한 날 _____월 _____일 _____요일

정답은 64쪽에 있어요!

## 가로 뜻풀이

1 11명이 한 팀을 이뤄 공을 발로 차서 상대편의 골에 많이 넣으면 이기는 운동. 골키퍼 이외에는 손을 쓰면 안 돼요.

2 매일 있었던 일을 그림으로 그리고 짧은 글로 적은 일기장.

6 전기를 통해 빛을 내는 기구. 아버지께서 화장실의 ○○를 갈아 끼웠다.

7 무서워하거나 두려워하는 마음. ⓑ 공포

## 세로 뜻풀이

2 물체에 가려져 빛이 닿지 않아 어두운 곳.

3 한 번 쓰고 버리는 용품. 이것이 많아지면 지구가 아파요.

4 전기를 이용해 바닥 먼지를 빨아들여 청소하는 기구. 진공○○○

5 재미나 심심풀이로 하는 전화. 경찰서나 소방서에는 ○○○○를 하면 안 돼요.

공부한 날 ___월 ___일 ___요일

정답은 64쪽에 있어요!

## 가로 뜻풀이

1 셔틀콕을 바닥에 떨어지지 않도록 라켓으로 쳐서 가운데 네트 너머로 주고받는 경기. "바람도 안 부는데 우리 ○○○○ 한 판 치러 갈까?"
3 크레용과 파스텔의 좋은 점만 모아서 만든 막대기 모양의 미술 도구. 색깔을 덧칠하거나 섞어서 칠할 수 있어요.
4 젖을 먹는 어린아이. ○○ 천사

## 세로 뜻풀이

1 물건이나 음식 등을 집이나 사람이 받을 곳으로 나르는 것. 오늘은 ○○음식을 시켜서 먹었어요.
2 일정한 지역에 살고 있는 사람. ○○ 등록 등본
3 물건의 크고 작음, 모양이나 양을 말해요. "그 가방은 ○○만 클 뿐 생각보다 가벼워."
4 어떤 기준보다 낮은 위치. ㉺ 위
5 자기 자신의 힘으로. 자기주도학습은 ○○○ 목표와 계획을 세워 학습하는 것을 말해요.

공부한 날 ____월 ____일 ____요일

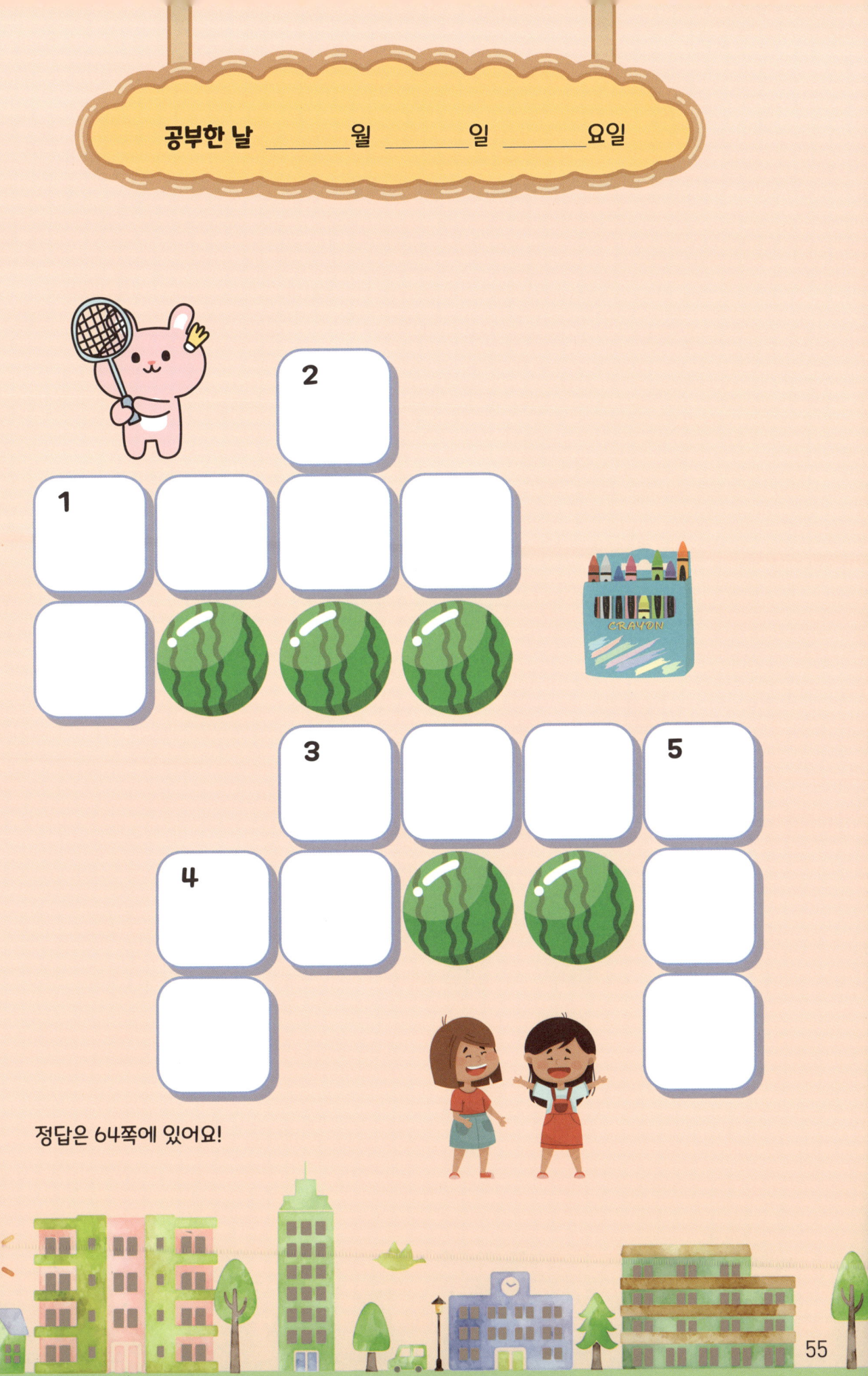

정답은 64쪽에 있어요!

## 가로 뜻풀이

1. 어떤 시각에서 어떤 시각까지의 사이. 수업 ○○동안 계속 졸았다.
2. 바람을 이용하여 연을 하늘 높이 띄우는 놀이. "이번 설날에 아빠랑 ○○○○를 했어."
6. 여럿이 함께 노는 아이들 놀이로 한 명이 술래가 되어 숨어있는 다른 친구들을 찾아내는 놀이.

## 세로 뜻풀이

1. 여러 가지 물건을 사고파는 넓은 장소. "남대문 ○○은 어마어마하게 커."
3. 새나 곤충의 몸 양쪽에 붙어있는 날 때에 사용하는 부분.
4. 풀밭이나 땅바닥에 앉을 때 바닥에 까는 자리. 소풍 가서 도시락 먹을 때 필요한 그것~!
5. 기차가 오고 가는 길.
7. 아무도 모르게 살짝. 또는 가만히. 동생 생일 선물을 ○○ 준비했어요.

공부한 날 ____월 ____일 ____요일

정답은 64쪽에 있어요!

## 가로 뜻풀이

1 고기를 잘게 다져서 얇은 비닐 같은 막에 긴 모양으로 넣어 만든 가공식품. "나는 ○○○ 반찬이 제일 좋아."

4 여러 가지 색깔로 물들인 종이. 접기나 오려 붙이기를 할 때 써요.

6 시간이나 순서가 다른 것보다 앞선 때. 학교에 갔다 오면 밥 먹기 전에 ○○ 손을 씻어야 해요. ㉥ 나중

## 세로 뜻풀이

2 집을 떠나 잠깐 머물며 잠을 자거나 생활하는 곳.

3 여럿이 함께 쓰기 위해 만들어 놓은 것. 아파트 놀이터는 놀이 ○○이 다양해서 재미있어요.

4 그림이나 물건에 색을 칠하는 것.

5 이름을 적어서 가슴에 다는 표를 말해요.

6 눈에 보이지 않을 정도로 작고 가벼운 티끌. 오랫동안 청소하지 않아 ○○가 뽀얗게 쌓였다.

**공부한 날** ___월 ___일 ___요일

정답은 64쪽에 있어요!

## 놀이터

귀여운 아이들과 맞는 그림자를 찾아보세요.

정답은 64쪽에 있어요!

그림에 어울리는 기분을 나타내는 말을 이용해 문장을 완성해 보세요.

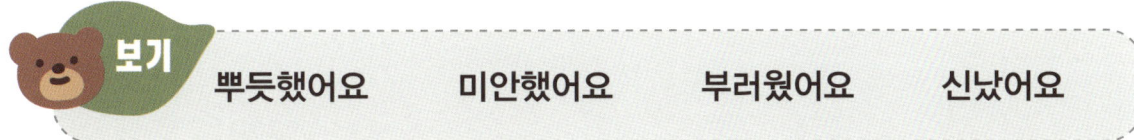

보기: 뿌듯했어요    미안했어요    부러웠어요    신났어요

달리기대회에서 상을 타서
(              )

놀이공원에 가서
(              )

달리기를 잘 하는 언니가
(              )

동생의 장난감을 망가뜨려서
(              )

정답 : 뿌듯했어요, 신났어요, 부러웠어요, 미안했어요

**넌센스 퀴즈를 풀어 보세요.**

1. 호주에서 쓰는 돈은? _____

2. 도둑이 제일 싫어하는 아이스크림은? _____

3. 도둑이 제일 좋아하는 아이스크림은? _____

4. 다리미가 좋아하는 음식은? _____

5. 치과 의사가 가장 싫어하는 아파트는? _____

6. 아몬드가 죽으면? _____

7. 곰이 다니는 목욕탕은? _____

8. 물고기가 싫어하는 물은? _____

정답 : 1-호주머니, 2-누가바, 3-보석바, 4-피자, 5-이 빠진 사양, 6-다이아몬드, 7-쓰임, 8-그림

그림에 있는 글을 읽고 <보기>에서 적당한 문장을 찾아 써 보세요.

① "괜찮니? 안 다쳤어?"
② "넌 왜 그렇게 조심성이 없니?!"
③ "내가 얼마나 힘들게 만들었는데.."
④ "네가 실수한 거니까 네가 다 치워!"

온 가족이 모여 다 같이 먹는 저녁식사. 엄마를 도와주려고 맛있게 만든 반찬 그릇을 식탁으로 옮기다가 그만 접시를 떨어뜨렸어요. 걱정하는 아이에게 다가가서 엄마가 뭐라고 하면 좋을까요?

정답 : ① "괜찮니? 안 다쳤어?"

# 정답

### P.47

### P.49

### P.51

### P.53
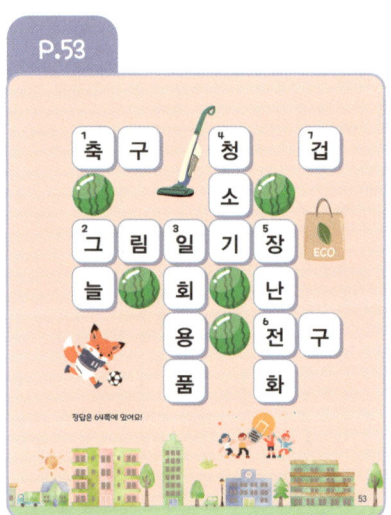

### P.55

### P.57

### P.59

### P.60

# 4단계

낱말퍼즐 1
낱말퍼즐 2
낱말퍼즐 3
낱말퍼즐 4
낱말퍼즐 5
낱말퍼즐 6
낱말퍼즐 7
놀이터 1
놀이터 2
놀이터 3
놀이터 4
정답지

## 가로 뜻풀이

**1** 조선 시대에 지어진 판소리계 한글 고전소설. 욕심 많은 형과 가난하지만 착한 동생의 이야기로 해학과 풍자가 뛰어나며 흥부전이라고도 해요.

**4** 언니와 여자 동생 사이를 이르는 말. ㊉ 형제

**5** 음악에서 연주하는 음의 높낮이나 연주 방법을 기호로 써서 적어 놓은 것.

**7** 똥, 오줌을 누거나 손을 씻는 곳. ㊂ 변소

## 세로 뜻풀이

**1** 어떤 것에 재미를 느끼거나 관심이 가는 것. 나는 외계인 이야기를 들을 때 ○○를 느껴요.

**2** 사람이나 동물의 몸 바깥을 감싸고 있는 살가죽. 햇빛을 많이 쬐면 ○○가 까맣게 타요.

**3** 재산이 많은 사람.

**6** 반짝거리는 아름다운 빛깔을 갖은 희귀한 돌. 다이아몬드, 루비 등 종류가 다양해요.

**8** 아이들이 재미있게 읽을 수 있게 대화를 넣어서 그린 그림.

공부한 날 _____월 _____일 _____요일

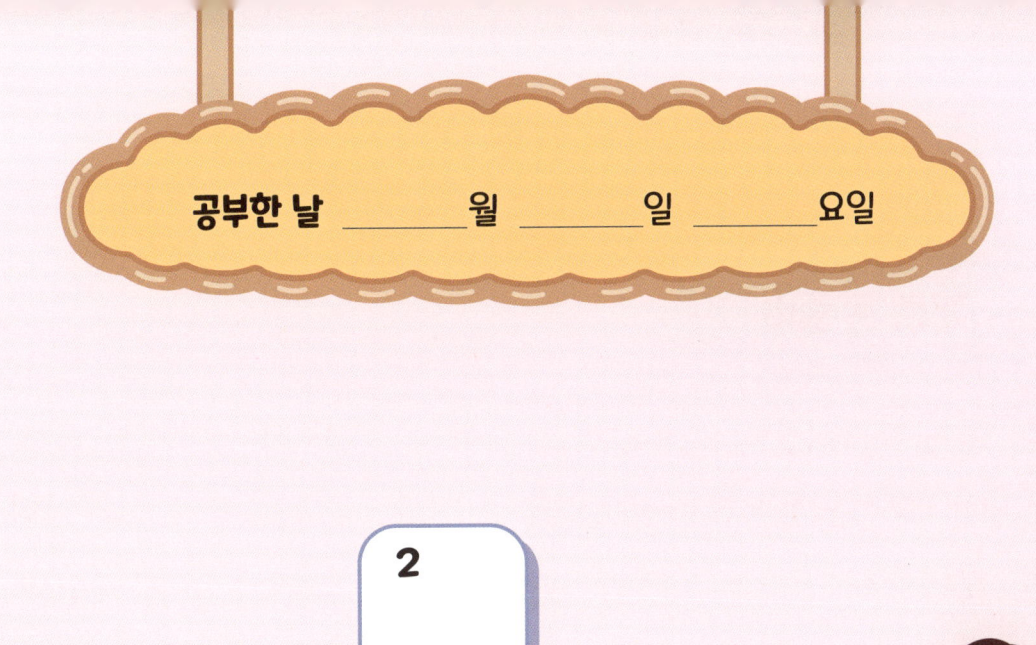

정답은 84쪽에 있어요!

## 가로 뜻풀이

1. 털이 복슬복슬하고 부드러운 강아지. 우리 집 강아지는 ○○○○○~ 학교 갔다 돌아오면 멍멍멍~
5. 꽥꽥~ 하고 우는 새. 발가락 사이에 물갈퀴가 있어 헤엄치기 편리하고 부리는 편평한 것이 특징이에요.
6. 바다에 고여 있는 짠맛이 나는 물.

## 세로 뜻풀이

2. 고불고불하게 말려 있는 머리카락. 내 동생 ○○○○~ 개구쟁이 내 동생~
3. 아껴 쓰고, 나누어 쓰고, 바꾸어 쓰고, 다시 쓰다의 줄임말.
4. 물건을 넣을 수 있게 만든 주머니. 종이나 비닐로 만들어요. 비 봉투
5. 시간이 길게 지나가는 것. "할아버지, 할머니 건강하게 ○○ 사세요." 반 잠시, 잠깐
7. 물어보는 일이나 말. 다음 ○○에 답하시오.

공부한 날 _____월 _____일 _____요일

정답은 84쪽에 있어요!

## 가로 뜻풀이

1 영화를 큰 화면으로 볼 수 있는 곳. ⓑ 극장
3 많은 사람이 함께 타는 대형 자동차. 시내 ○○, 고속 ○○
4 미성년 자녀나, 부모가 없는 미성년자를 보살피고 돌볼 책임이 있거나 책임져야 하는 사람. 우리의 ○○○는 부모님이에요.
5 남을 먼저 생각하여 도와주고 보살피는 것. 지하철이나 버스에는 몸이 불편한 사람에게 ○○해 주는 자리가 있어요.

## 세로 뜻풀이

1 어떤 일이나 행동이 다른 일에 변화를 주는 것. 햇빛은 식물이 자라는데 좋은 ○○을 줘요.
2 움직이는 그림과 소리를 같이 보여주는 영상 작품. "나는 〈인사이드 아웃〉이란 ○○를 가장 재미있게 봤어."
3 우유의 지방만 굳게 해서 만든 식품.
4 잘 보호하고 지켜서 남기는 것. 문화재는 박물관에 ○○되어 있어요.

공부한 날 ____월 ____일 ____요일

정답은 84쪽에 있어요!

## 가로 뜻풀이

1 말이나 행동으로 슬픔을 달래주는 것.
2 화학 비료나 농약을 사용하지 않고 유기물을 이용하는 농사 방법.
4 영화나 연극, 책과 같은 문학작품에서 어떤 일이 일어나는 모습. "너는 해리포터에서 어떤 ○○이 가장 기억에 남아?"
5 어떤 일을 잘할 수 있는 타고난 능력과 기술. '○○는 곰이 넘고 돈은 주인이 받는다'라는 속담도 있어요.

## 세로 뜻풀이

1 몸을 다치거나 나쁜 일을 겪을 걱정이 있는 것. 차가 많이 다니는 곳은 항상 ○○해요.
3 휴지나 못 쓰게 되어 내다 버리는 물건을 통틀어 이르는 말. "○○○는 쓰레기통에"
4 주로 아이들이 재미로 하거나 심심풀이 삼아 하는 짓. "야! ○○치지 마!"
5 눈치가 있고 빠르게 상황을 해결하는 솜씨.

공부한 날 ____월 ____일 ____요일

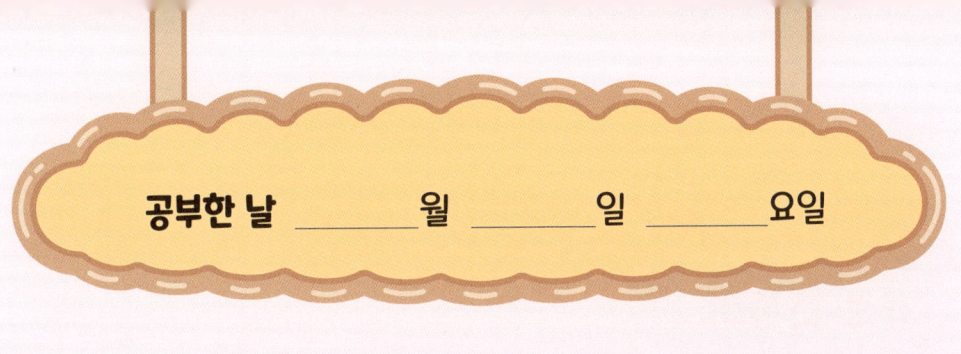

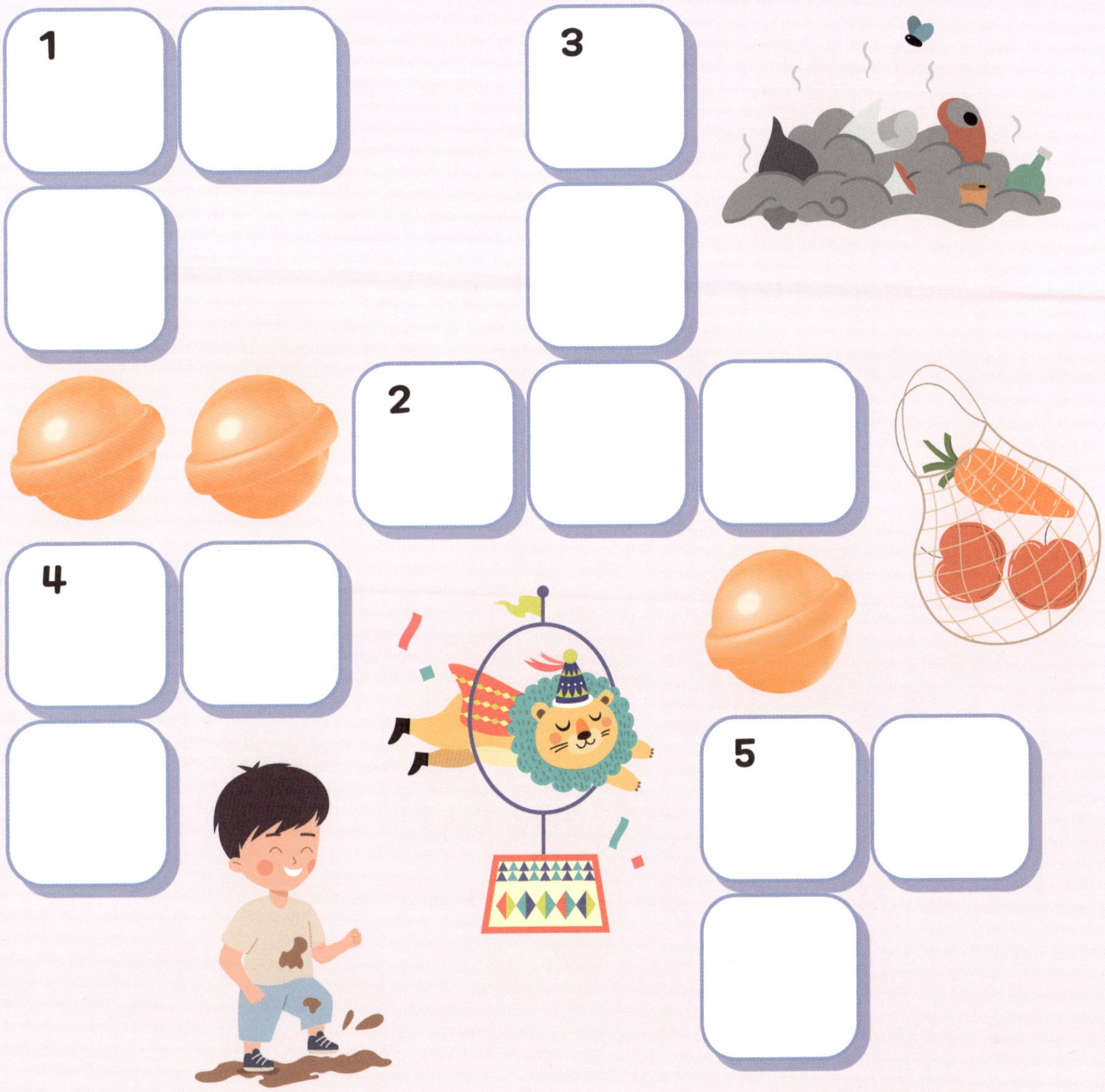

정답은 84쪽에 있어요!

## 가로 뜻풀이

1 둘 이상의 사물을 살펴보며 공통점이나 차이점을 찾는 일. 물건을 살 때 항상 다른 상품과 ○○해 보고 사요.

2 사람의 능력을 뛰어넘는 힘.

3 지식이나 기술을 배우고 익히는 것. 태현이는 선생님께 ○○ 태도가 좋다고 칭찬받았다.

4 하늘에서 비가 되어 떨어지는 물방울.

6 아래위가 좁고 배가 불룩 나온 모양의 흙으로 구워 만든 그릇. 된장, 고추장, 김치를 저장하는 데 사용해요.

## 세로 뜻풀이

1 일부만 알고 있는 비밀스러운 방법.

3 선생님이 가르치고 학생들이 배우는 장소. 초등○○, 중○○, 고등○○

5 다른 사람의 일에 끼어들어 제대로 하지 못하게 하는 것. "책 읽는데 ○○하지 말고 저리 가!"

6 어떤 경우든 한결같이. 언제나 변함없이. "민지와 은서는 ○○ 붙어 다녀."

공부한 날 _____월 _____일 _____요일

정답은 84쪽에 있어요!

## 가로 뜻풀이

1 어린이를 위하여 그림으로 그려 놓은 책.
3 입을 약간 벌리며 소리 없이 가볍게 한 번 웃는 모양.
4 필기도구의 하나. 나무속에 까만 흑연 심을 넣어 만들었어요.
5 온도나 기압의 차이 때문에 공기가 이동하는 현상. "갑자기 ○○이 불어서 풍선이 날아가 버렸어."

## 세로 뜻풀이

1 나무를 세는 단위.
2 학생들이 학교 갈 때 등에 메고 다니는 가방. 책이나 학용품 등을 넣어서 다니죠.
4 배우가 대본에 따라 어떤 사람의 말과 동작을 관객에게 보여 주는 무대 예술.
5 지구 겉면에 짠맛 나는 물로 덮인 곳. 지구의 70%가 이것으로 덮여 있고, 이 물에서 소금이 만들어진대요. 반 육지

## 가로 뜻풀이

1 노래에 붙이는 시 같은 글. ㈜ 가사
3 서로 만나거나 헤어질 때 하는 인사말. "친구야, ○○!"
4 남에게 몰랐던 것을 알려 주는 것. "전학 온 친구를 양호실까지 ○○해 줬어."
5 모아서 묶어 놓은 덩어리. "사탕을 낱개가 아닌 ○○으로 팔아."

## 세로 뜻풀이

1 자신이 바라는 일이나 계획한 것을 이루기 위해 애쓰는 것. 꿈을 이루기 위해서는 많은 ○○을 해야 한다.
2 상대방의 말을 높여서 부르는 말. "부모님 ○○은 잘 들어야 해."
3 앞을 보지 못하는 사람을 도와주는 특별 훈련을 받은 개.
6 기분이 좋거나 재미있을 때 웃는 일이나 그런 표정. 친구의 장난에 ○○이 터졌다.

공부한 날 _____월 _____일 _____요일

정답은 84쪽에 있어요!

그림에서 똑같은 달팽이 두 마리를 찾아 동그라미 해보세요.

정답은 84쪽에 있어요!

수와 수의 이름을 알맞게 연결해 보세요.

칠십이 • • 67 • • 일흔넷

육십칠 • • 72 • • 예순일곱

구십 • • 74 • • 여든여덟

팔십팔 • • 88 • • 아흔

칠십사 • • 90 • • 일흔둘

정답은 126쪽에 있어요!

## 일상생활 속 사자성어를 알아보아요.

### 동고동락

| 同 | 苦 | 同 | 樂 |
|---|---|---|---|
| 한가지 동 | 쓸 고 | 한가지 동 | 즐길 락 |

**한자 뜻**

함께 괴로워하고 함께 즐거워한다.

**뜻풀이**

괴로울 때나 즐거울 때나 항상 함께한다는 뜻이에요.

### 한자와 뜻풀이를 따라 써 보세요.

| 同 | 苦 | 同 | 樂 |
|---|---|---|---|
| 한가지 동 | 쓸 고 | 한가지 동 | 즐길 락 |

네가 잘하든 못하든 우리는 같은 팀이야!

| 비슷한 뜻의 사자성어 |

**동병상련 (同病相憐)**
비슷한 처지의 사람들이 서로 마음을 잘 이해하고 함께 어려움을 나눈다.

생일은 맞이한 너구리 친구가 선물을 받을 수 있도록 바르게 쓴 낱말을 따라가며 미로를 빠져나가 보세요.

정답은 126쪽에 있어요!

# 정답

P.67

P.69

P.71

P.73

P.75

P.77

P.79

P.80
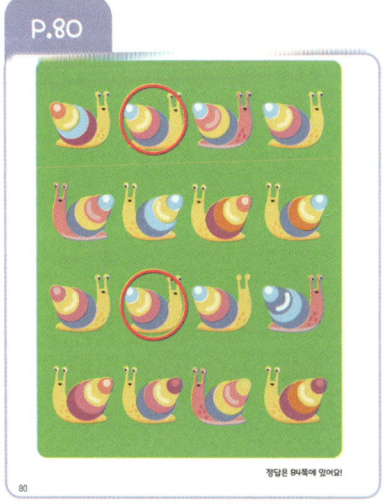

# 5단계

- 낱말퍼즐 1
- 낱말퍼즐 2
- 낱말퍼즐 3
- 낱말퍼즐 4
- 낱말퍼즐 5
- 낱말퍼즐 6
- 낱말퍼즐 7
- 놀이터 1
- 놀이터 2
- 놀이터 3
- 놀이터 4
- 정답지

## 가로 뜻풀이

1 두 개의 물건이나 장소가 서로 떨어져 있는 길이. "우리 집에서 학교까지는 20분 ○○야."
2 어떤 일을 남에게 해 달라고 하거나 맡김. "나 ○○이 하나 있는데 들어 줄래?"
3 이루고 싶어 하는 희망이나 바람. "내 ○은 가수야!"
4 다른 사람을 무시하지 않고 소중하게 여기고 대하는 것. ㊌ 무시
6 본래 있던 자리. "사용한 물건은 ○○○에 갖다 놓자."

## 세로 뜻풀이

1 거북이가 낳은 알. 똑같은 이름을 가진 아이스크림도 있어요.
2 손으로 흔들어 바람을 일으키는 물건. 선풍기의 조상님!
5 한 가지에만 온 정신을 모으는 것. "오빠가 시끄럽게 떠들어서 도무지 ○○할 수가 없어!"
7 답을 구하는 질문. 해결해야 할 사항.

공부한 날 ____월 ____일 ____요일

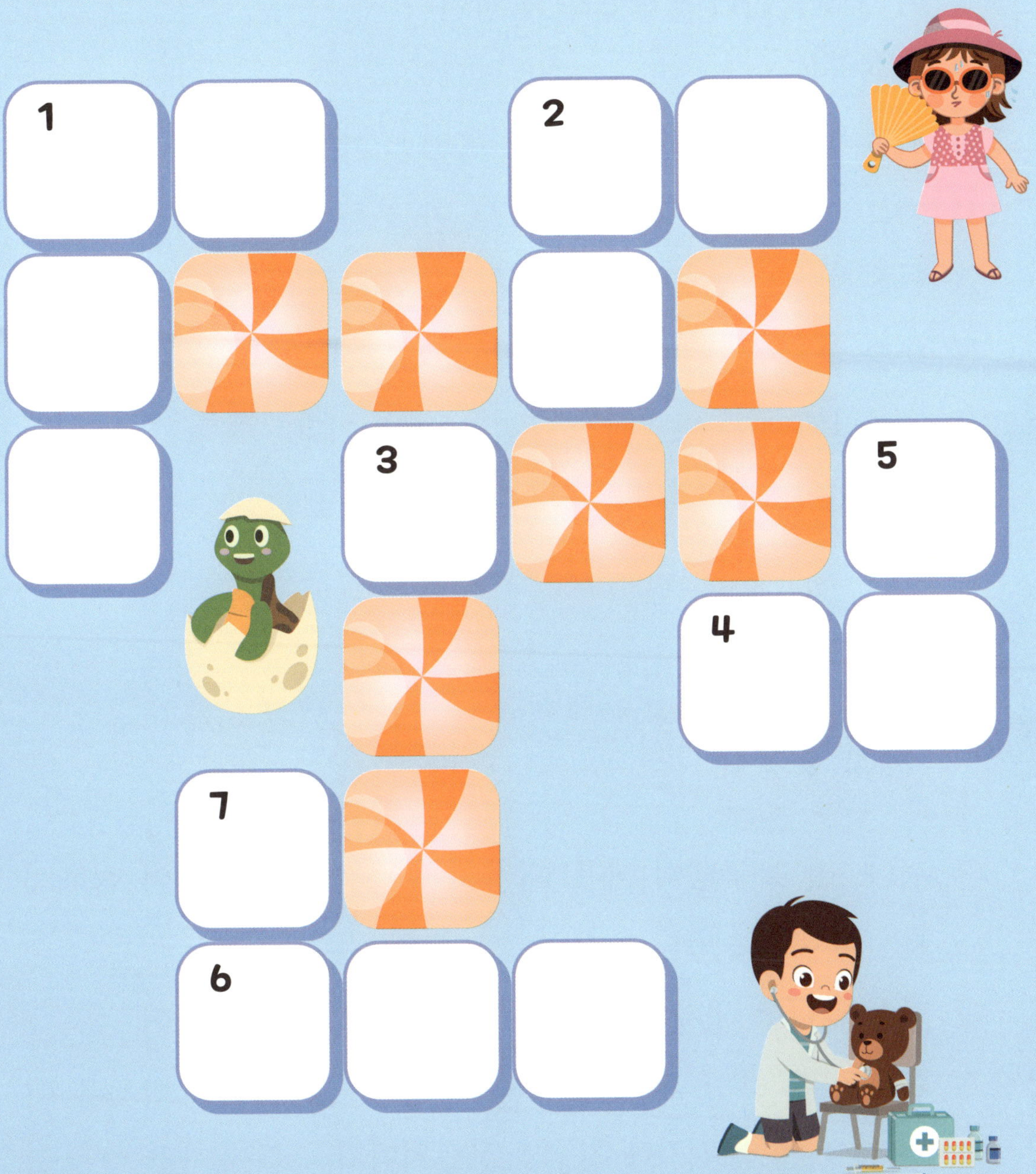

정답은 104쪽에 있어요!

## 가로 뜻풀이

1 이쪽저쪽 여러 방향으로 움직이는 것. 공을 ○○○○ 차며 놀았어요.

3 어떤 일을 하기 전에 미리 챙기거나 갖추는 것.

4 지름 1m 정도의 플라스틱으로 만든 둥근 테를 땅바닥에 떨어지지 않도록 목이나 허리로 돌리는 놀이.

5 생활 속에서 기쁘고 즐겁고 만족을 느끼는 것. ㈜ 불행

7 풀이나 곡식을 자르는데 주로 쓰는 농기구. 'ㅇ 놓고 기역 자도 모른다'는 속담이 있어요.

## 세로 뜻풀이

1 귀나 코, 목구멍이 아플 때 찾아가는 병원. "비염이 심해서 ○○○○○에 다니고 있어."

2 낮이 끝나고 해가 질 무렵부터 밤이 되기까지의 사이.

6 건물 안을 다닐 수 있게 만든 긴 통로. 같은 층의 방들을 이어 줘요. 수업 시간에 친구와 장난치다가 ○○에 나가 벌을 섰어요.

## 가로 뜻풀이

1 하나도 빠짐없이 전부 다. 가족 ○○가 함께 여행을 떠났다.

2 외모나 성격 등의 특징을 바탕으로 남들이 지어 부르는 이름.

4 위험을 무릅쓰고 잘 알려지지 않은 어떤 곳을 찾아가 살펴보고 조사하는 것. 극지 원정대가 남극 ○○에 나섰다.

5 여러 조각을 맞춰서 하나로 만드는 것. 블록을 ○○해서 멋진 로봇을 만들었어요.

6 완전히 다 이룸. 반 미완성

## 세로 뜻풀이

1 닭이나 새 같은 작은 동물이 먹는 곡식이나 먹이.

3 사건을 해결하는 능력이 뛰어나 이름이 널리 알려진 탐정. "○○○ 코난보단 엉덩이 탐정이 더 좋아!"

5 실수하거나 잘못하지 않도록 말이나 행동을 신중하게 하는 것. 나는 ○○○이 많은 아이예요.

**공부한 날** _____월 _____일 _____요일

정답은 104쪽에 있어요!

## 가로 뜻풀이

1 대기 중에 오존을 많이 포함하고 있는 층.

2 작은 종잇조각에 쓴 메모. 수업 시간에 짝꿍이 ○○를 건넸어요.

3 준비물, 과제, 학급 일정과 같이 꼭 알아야 할 내용을 적는 공책. 선생님이 숙제를 내주시면 ○○○에 꼭 적어야 해요.

5 겉으로 보이는 생긴 모양. 오리가 헤엄치는 ○○이 귀여웠다.

6 팔의 아래위 관절이 이어진 곳의 바깥쪽. 팔을 구부렸을 때 가장 뾰족하게 톡 튀어나온 부분이에요.

## 세로 뜻풀이

1 오른손이 있는 방향. 반 왼쪽

4 소풍이나 수학여행처럼 교실에서 할 수 없는 것을 직접 눈으로 보고, 만져 보며 체험하는 학습.

7 우유로 만든 노랗거나 하얀 음식으로 모차렐라, 체다, 크림처럼 여러 종류가 있어요. "피자 위의 ○○가 쭉 늘어나서 맛있어."

공부한 날 ____월 ____일 ____요일

정답은 104쪽에 있어요!

## 가로 뜻풀이

1 몸속에 생긴 병을 치료하는 진료 과목. 위내시경 검사는 ○○에서 진료를 받아요.

3 한글에서 자음을 나타내는 글자. 한글은 ○○○와 모음자로 이루어져 있어요.

4 만나거나 헤어질 때 나누는 예의를 갖춘 말이나 행동.

6 비가 올 때 펼쳐 손에 들고 머리 위를 가리는 도구.

7 악기를 다루어 음악을 표현하거나 들려주는 것. "나는 바이올린 ○○도 할 수 있어."

8 다른 사람에게 고마운 마음을 담아 물건을 예쁘게 포장해서 주는 것. 생일 ○○, 크리스마스 ○○

## 세로 뜻풀이

2 밀가루, 쌀, 설탕 같은 재료로 굽거나 기름에 튀겨서 만든 간식. "난 ○○중에 칸쵸가 제일 좋아."

5 서로의 생각이나 느낌, 정보를 주고받는 것. ○○○○은 사람뿐 아니라 동물들도 한답니다.

6 우주를 살펴보고 알아보기 위해 만들어진 비행기.

공부한 날 _____월 _____일 _____요일

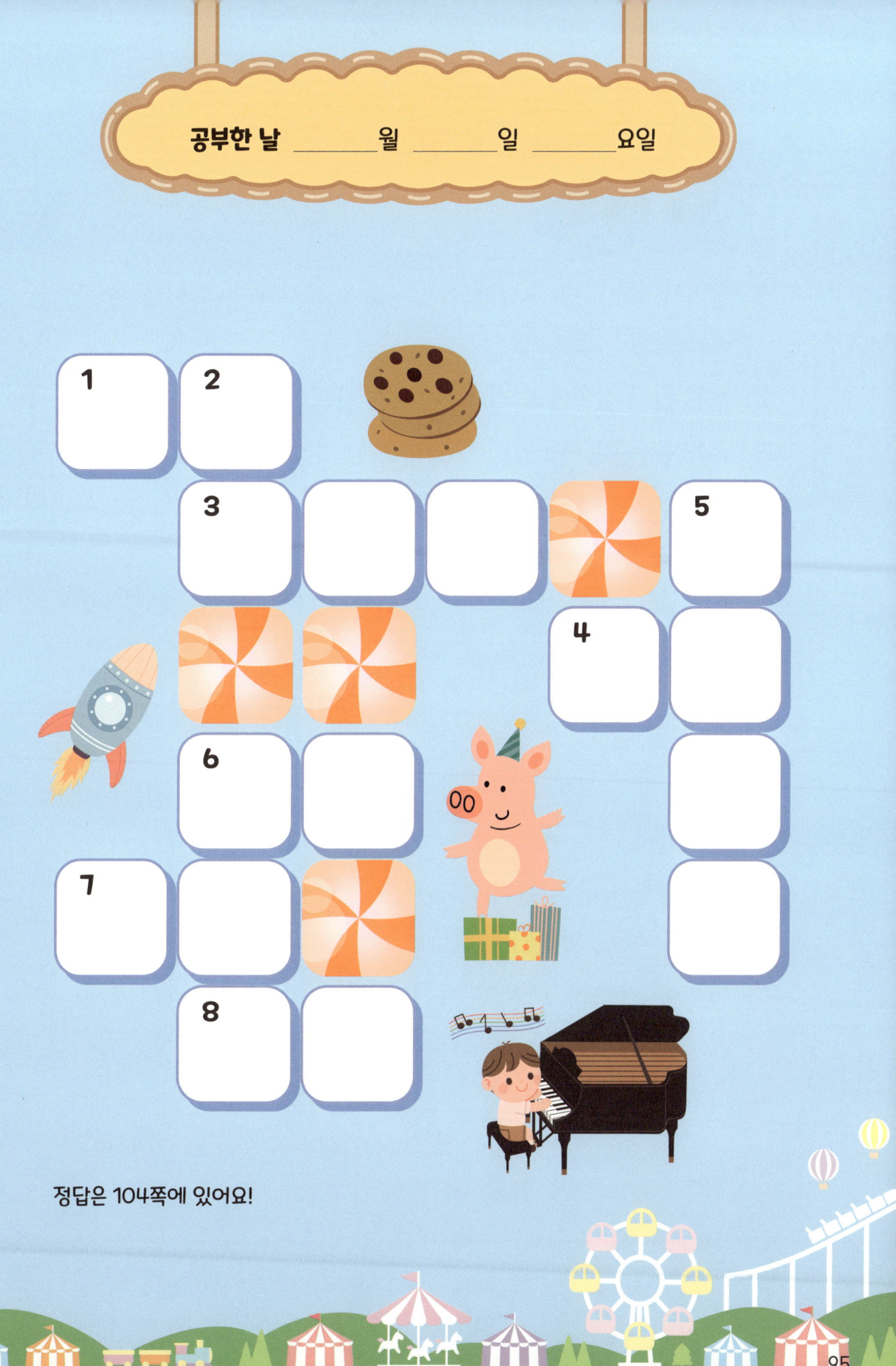

정답은 104쪽에 있어요!

## 가로 뜻풀이

1 태어난 날. 이번 ○○에는 친구들을 초대해서 파티를 할 거예요.

2 어떤 일이 일어나기 전. 준비물은 전날 ○○ 챙겨두어야죠.

3 남을 돕는 일. "네 말이 나에게는 큰 ○○이 되었어."

4 일정한 시설을 갖추고 물건을 사고파는 곳. 비 상가

## 세로 뜻풀이

1 사람이나 동물이 활동하며 살아가는 것. "학교 ○○이 아주 재미있어."

2 바다에서 자라는 길이 1~2m에 폭 60cm 정도 되는 길고 부드러운 식물. 엄마가 생일날 ○○국을 끓여 주셨어요.

3 열매에 갈고리 모양의 가시와 털이 있는 국화과의 식물. 사람의 옷이나 동물의 털에 잘 붙어요.

4 다친 자리. "병원에서 ○○를 소독했어."

## 가로 뜻풀이

1 잘 때 몸 위에 덮는 것. 베개와 친구.

2 이야기나 실제 생활 속에서 어떤 역할을 하는 사람. 아주 뛰어나거나 훌륭한 일을 많이 한 사람도 이렇게 불러요. 등장○○

3 정상적이지 않은 상태. "내 장난감이 갑자기 ○○하게 움직였어."

5 필요 이상으로 참견하거나 꾸짖는 말.

## 세로 뜻풀이

1 '이'를 낮잡아 일컫는 말.

2 무언가를 보거나 겪은 뒤에 마음속에 남는 느낌. 어제 본 영화가 ○○깊었어요.

4 사람이 살거나, 일할 수 있도록 지은 큰 집. "이 ○○에는 병원, 유치원, 약국, 학원이 다 있어."

6 비타민 A와 C가 풍부한 꽃처럼 생긴 초록색 채소. "급식으로 ○○○○ 삶은 반찬이 나왔어."

공부한 날 _____월 _____일 _____요일

정답은 104쪽에 있어요!

# 놀이터

그림에서 서로 다른 부분을 찾아 동그라미 해보세요. 모두 8군데입니다.

정답은 104쪽에 있어요!

그림에 어울리는 동작을 나타내는 말을 이용해 문장을 완성해 보세요.

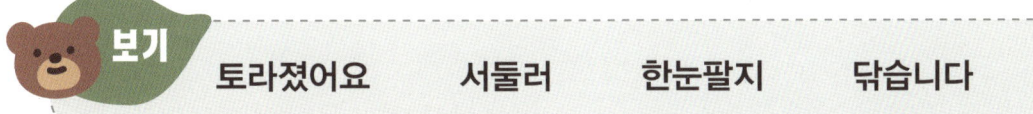
보기: 토라졌어요   서둘러   한눈팔지   닦습니다

난 수업시간에 (           ) 않아요.

맷돌을 훔친 도둑은 (           ) 도망갔어요.

내기에서 지자 동생이 (           )

식사 후에는 이를 (           )

정답 : 한눈팔지, 서둘러, 토라졌어요, 닦습니다

### 넌센스 퀴즈를 풀어 보세요.

1 자가용의 반대말은? _____

2 경찰서의 반대말은? _____

3 사람이 세 명 탄 차를 세 글자로 줄이면? _____

4 동생과 형이 싸우는데 엄마가 동생 편을 드는 세상은?

_____

5 모든 사람을 일어서게 하는 숫자는? _____

6 땅콩의 반대말은? _____

7 물고기의 반대말은? _____

8 별 중에 가장 슬픈 별은? _____

정답 : 1-커용, 2-정찰 앉아, 3-인자차, 4-형편없는 세상, 5-다섯, 6-하늘콩, 7-불고기, 8-이별

그림에 있는 글을 읽고 〈보기〉에서 적당한 낱말을 찾아 써 보세요.

**보기**   긴장된다   무섭다   행복하다   소름끼친다   지루하다

오늘은 2학기에 처음 보는 받아쓰기가 있는 날. 모두 자리에 앉아 선생님께서 들려주시는 걸 집중해서 받아쓸 준비 완료~! 지금의 내 기분은 어떨까요?

정답 : 긴장된다

# 정답

# 6단계

낱말퍼즐 1
낱말퍼즐 2
낱말퍼즐 3
낱말퍼즐 4
낱말퍼즐 5
낱말퍼즐 6
낱말퍼즐 7
놀이터 1
놀이터 2
놀이터 3
놀이터 4
정답지

## 가로 뜻풀이

1 특정 분야에 전문적 지식과 자격을 갖춘 의사.
2 태어날 때 여성으로 태어난 사람. 반 남자
3 땅속에서 자라는 갈색 뿌리채소. 김밥 속에 넣거나 약으로 쓰이는 몸에 좋은 식물이에요.
5 토요일, 일요일, 공휴일이 아닌 보통날. 학교는 ○○에 가고, 주말에는 쉬어요.
7 전 세계 컴퓨터나 휴대전화를 통해 정보를 교환할 수 있도록 연결된 통신망. "어젯밤 늦게까지 ○○○ 게임을 해서 지각했어."

## 세로 뜻풀이

1 인터넷을 이용하여 컴퓨터로 주고받는 편지. e-메일이라고도 해요.
4 공기나 햇빛이 들어오고, 밖을 내다볼 수 있도록 유리로 된 문. 더워서 ○○을 열었어요.
6 일정한 시간보다 더 빠른 때. 나는 오늘 ○○ 학교에 갔다.
7 사람이나 동물 모양을 본떠 만든 장난감. 나는 곰돌이 ○○을 안고 자요.

공부한 날 _____월 _____일 _____요일

정답은 124쪽에 있어요!

## 가로 뜻풀이

1 성적을 나타내는 숫자. "수학 ○○가 30점이야."
2 어떤 것을 지나치게 바라거나 하고 싶어 하는 마음. 강아지는 ○○을 부리다가 고기를 놓쳤어요.
4 차나 과일 등을 담아 나르는 데 사용하는 넓고 큰 받침 그릇.
6 학생에게 집에서 해 오라고 내주는 공부.
8 어떤 사물이나 사실을 실제와 다르게 잘못 느끼거나 생각함. "오늘이 토요일인 줄 알고 ○○했어."

## 세로 뜻풀이

1 하루 중 낮에 먹는 밥.
3 돌아오는 차례의 수. "벌써 지각한 ○○가 다섯 번이나 돼."
5 밥과 함께 먹는 음식. ○○을 골고루 먹어야 건강해져요.
7 같은 부모 밑에서 태어난 형과 남자 동생. 언니와 여자 동생은 자매라 불러요.

공부한 날 _____월 _____일 _____요일

정답은 124쪽에 있어요!

## 가로 뜻풀이

1 옛날에 임금님이 살던 큰 집. 대궐, 궁전이라고도 불러요.
2 여러 사람이란 뜻의 명사. 혼자서는 힘든 일도 ○○○하면 금방 할 수 있어요.
3 힘겹게 간신히. "우는 동생을 뽀로로로 ○○ 달랬어."
4 잡혀있는 상태에서 빠져나옴. ㉑ 탈주
6 긴 코를 가진 육지에서 가장 큰 동물. 윗잇몸에 있는 앞니 두 개가 특별히 길고 큰데 '상아'라고 불러요.

## 세로 뜻풀이

1 무엇이 알고 싶어 마음이 답답하다는 뜻. '○○하다'의 어근.
2 개와 비슷하게 생긴 산에 사는 동물. 약고 잔꾀가 많은 사람을 이 동물에 비유하기도 해요. 늑대와 ○○
5 어떤 일을 해결하기 위해 떠나는 것. 화재를 진압하기 위해 소방차가 ○○했어요.
7 귀가 길고, 뒷다리가 앞다리보다 발달한 꼬리가 짧은 초식동물. ○○와 거북이

공부한 날 _____월 _____일 _____요일

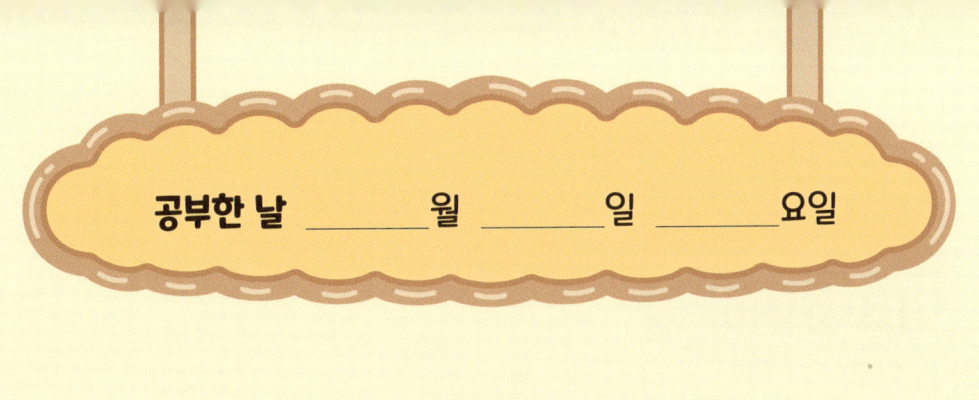

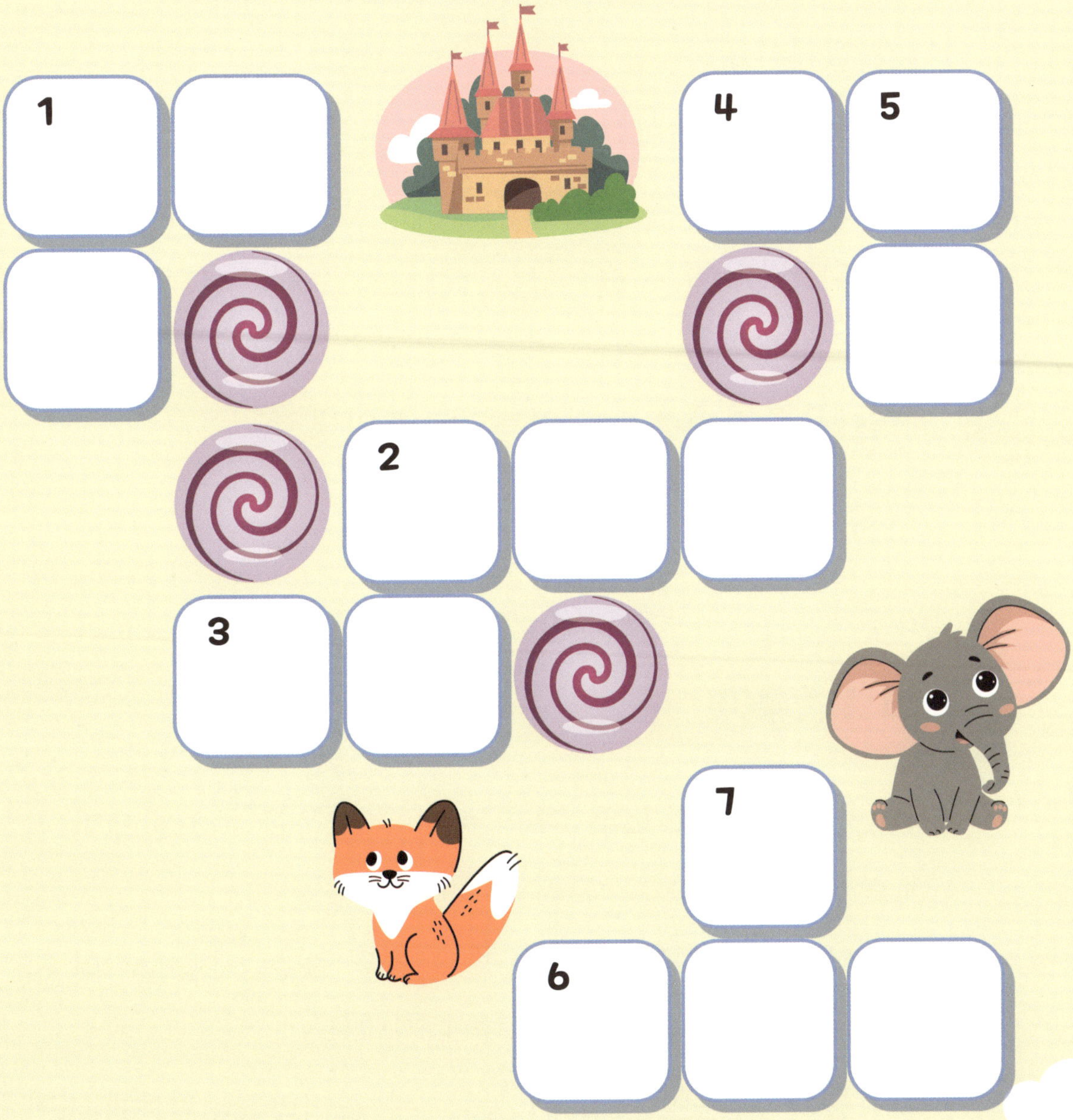

정답은 124쪽에 있어요!

## 가로 뜻풀이

1 말이나 행동이 부드럽고 다정함. 엄마는 아기에게 ○○하게 말을 걸었어요.

2 한가한 느낌. 들판에는 소가 ○○○○ 풀을 뜯고 있다.

4 신비롭고 불가사의한 기운. 사람이 사라지는 마술은 언제 봐도 ○○하다.

6 미리 준비해 놓는 물건. "미술 시간에 ○○○이 있어."

8 태어나서 죽기까지 살아 있는 것. 비 인생

## 세로 뜻풀이

1 상대가 되는 양쪽 모두. 우리는 ○○ 도움을 주고받으며 함께 공부해요.

3 한 곳에서 다른 곳까지의 거리나 공간. 또는 사람들끼리 서로 맺은 관계. 친구들과 ○○좋게 지내요.

5 육지 동물 중 목이 가장 긴 동물. 목 길이만 3m, 전체 키가 6m나 되며 갓 태어난 새끼도 키가 1.7m나 된대요.

7 샘에서 나오는 물.

공부한 날 _____월 _____일 _____요일

정답은 124쪽에 있어요!

## 가로 뜻풀이

1 옛날에는 국민을 이렇게 불렀어요.
2 머리에 나는 털. 미용실에서 ○○○○을 짧게 잘랐어요.
4 여러 개의 물건이 함께 묶여 있는 것. 종합 선물 ○○
6 선 없이 어디에서나 인터넷을 연결하는 기술. "여기 ○○○○ 비밀번호가 뭐야?"

## 세로 뜻풀이

1 다섯 등급으로 나누어진 귀족의 작위 가운데 셋째 작위. "동화 속 주인공은 친절한 ○○님이야."
3 흐트러진 것을 가지런히 바로잡는 것. ○○정돈하는 습관을 길러요.
5 산이나 바닷가에서 잘 때 눈, 비를 막거나 햇빛을 가리기 위하여 천으로 집처럼 지어 놓은 것. 캠핑장에서 많이 볼 수 있어요.
7 꾸미거나 고친 것을 전혀 알아챌 수 없을 때. "고장 난 장난감을 고쳤더니 ○○○○ 새것 같아졌어."

공부한 날 _____월 _____일 _____요일

정답은 124쪽에 있어요!

## 가로 뜻풀이

1 목·다리·부리가 긴 새. 우리나라 천연기념물 제199호. '뱁새가 ○○ 따라가면 다리가 찢어진다'라는 속담도 있어요.

3 말하고 있는 때보다 바로 조금 전. ㉕ 방금

5 1, 2, 3, 4 와 같이 수를 나타내는 글자.

7 밀가루, 달걀, 설탕 등을 섞어 오븐에 구워 만든 달콤한 디저트. 생일에 촛불을 켜고 축하해요.

## 세로 뜻풀이

2 저녁부터 아침까지 계속. "어제 ○○ 숙제를 하느라 잠을 못 잤어."

4 어떤 일을 해 나가는 순서나 수단이나 방식. "이 문제를 해결할 좋은 ○○이 없을까?"

6 햇빛을 가리거나 추위를 막으려고 머리에 쓰는 물건. 예뻐 보이려고 쓰기도 해요.

8 '야옹이'라고도 불리는 애완동물 중 하나. 쥐를 잘 잡고 생선을 좋아해요.

공부한 날 _____월 _____일 _____요일

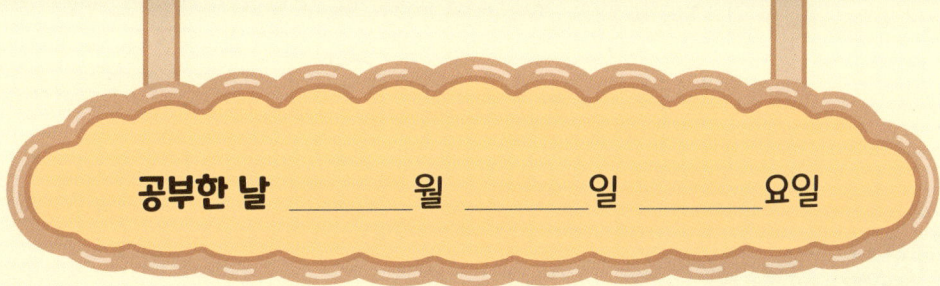

정답은 124쪽에 있어요!

## 가로 뜻풀이

1 아이들이 오르내리며 놀도록 만든 놀이기구. 여러 개의 철봉이나 막대를 가로 세로로 엮어서 만들었어요.

3 깊이 생각하거나 조심하지 않고 마음 내키는 대로 마구. "나무나 꽃이 예쁘다고 ○○○ 꺾으면 안 돼요."

4 풀이나 곡식들이 자라는 넓고 평평한 벌판. 넓은 ○○에 누렇게 벼가 익어 갑니다.

6 무언가 안 좋은 일이 생길 뻔했지만, 다행히 일어나지 않았을 때 쓰는 말. "○○○○ 물에 빠질 뻔했어."

## 세로 뜻풀이

2 말을 적기 위해 만든 기호. ㉥ 글씨

3 둘 이상이 한꺼번에 같이. 친구와 ○○ 숙제를 했어요.

5 맞고 틀리고를 판단하여 결정함. 법원에서 소송 사건에 대해 ○○을 내림.

7 다른 사람의 좋은 일을 기뻐하고 즐거워하며 인사함.

공부한 날 _____월 _____일 _____요일

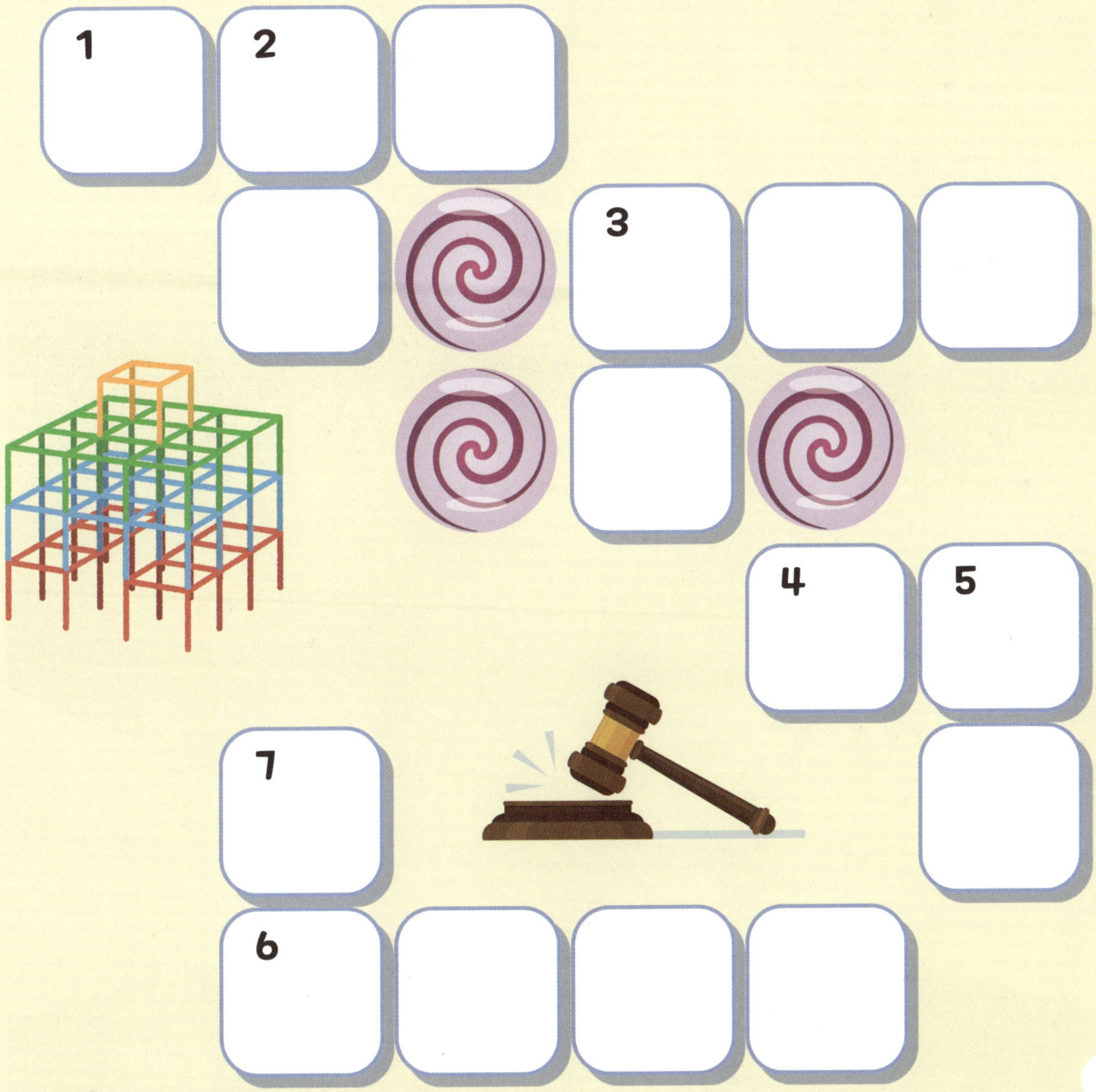

정답은 124쪽에 있어요!

# 놀이터

그림에서 숨은 그림을 〈보기〉에서 찾아 동그라미 해보세요. 모두 10개입니다.

정답은 124쪽에 있어요!

## 1부터 95까지의 숫자를 읽으며 차례대로 연결하고 색칠해 보세요.

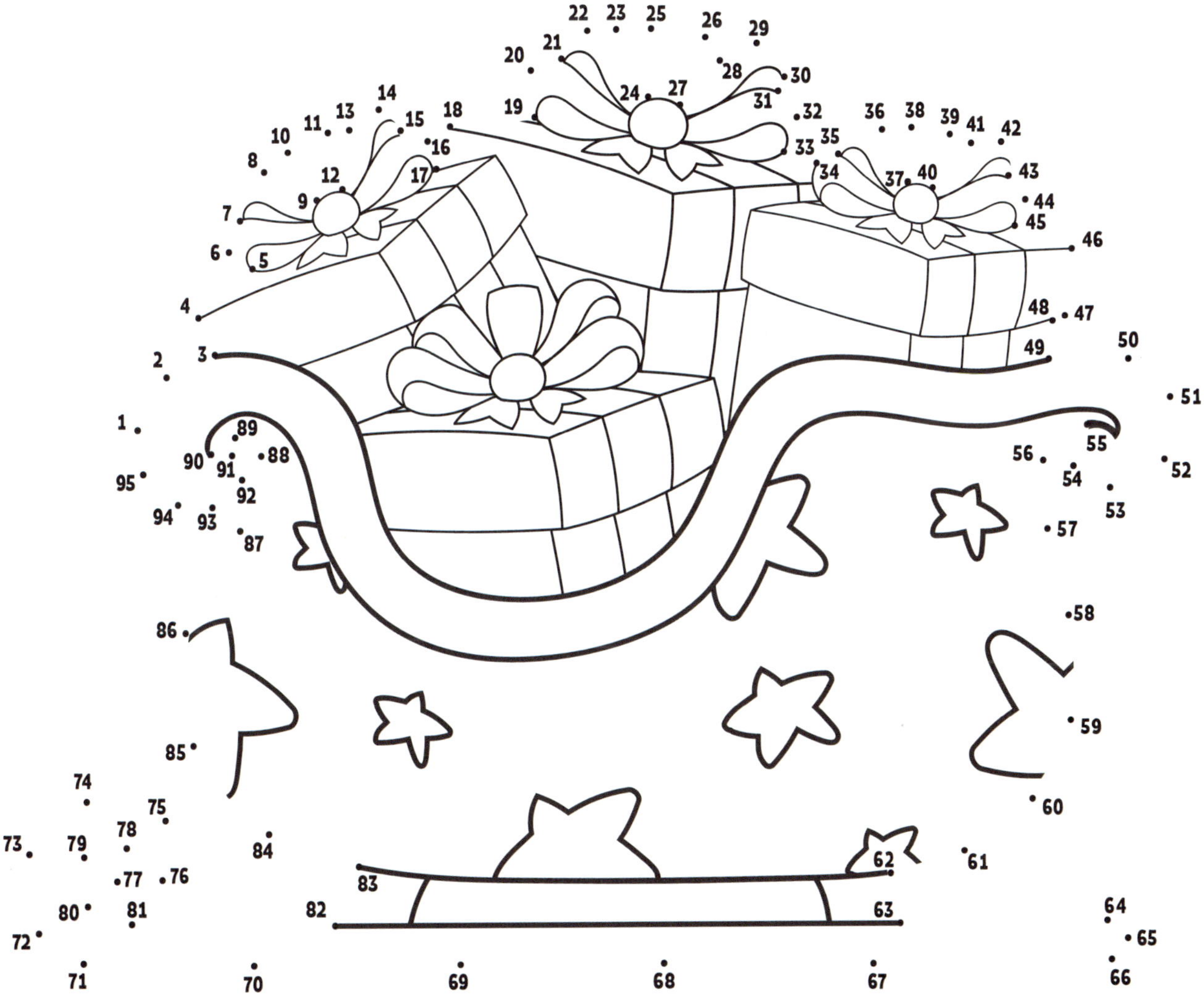

일상생활 속 사자성어를 알아보아요.

**막상막하**

| 莫 | 上 | 莫 | 下 |
|---|---|---|---|
| 없을 막 | 윗 상 | 없을 막 | 아래 하 |

### 한자 뜻
위도 없고 아래도 없다.

### 뜻풀이
누가 더 나은지 가릴 수 없을 만큼 차이가 거의 없음을 말해요.

### 한자와 뜻풀이를 따라 써 보세요.

| 莫 | 上 | 莫 | 下 |
|---|---|---|---|
| 없을 막 | 윗 상 | 없을 막 | 아래 하 |

우리의 실력은 막상막하야!

**비슷한 뜻의 사자성어**

**난형난제 (難兄難弟)**
서로 비슷비슷하여 우열을 가리기 어렵다.

친구랑 맛있는 치즈를 나눠 먹을 수 있도록 바르게 쓴 낱말을 따라가며 미로를 빠져나가 보세요.

정답은 126쪽에 있어요!

# 정답

P.107

P.109

P.111

P.113

P.115

P.117

P.119

P.120

# 정말 잘했어요!

 이름: ................................

|  |  |  |  |  |  |  |  |
|---|---|---|---|---|---|---|---|
| 1단계 | ☆ | ☆ | ☆ | ☆ | ☆ | ☆ | ☆ |
| 2단계 | ☆ | ☆ | ☆ | ☆ | ☆ | ☆ | ☆ |
| 3단계 | ☆ | ☆ | ☆ | ☆ | ☆ | ☆ | ☆ |
| 4단계 | ☆ | ☆ | ☆ | ☆ | ☆ | ☆ | ☆ |
| 5단계 | ☆ | ☆ | ☆ | ☆ | ☆ | ☆ | ☆ |
| 6단계 | ☆ | ☆ | ☆ | ☆ | ☆ | ☆ | ☆ |

# QR 및 놀이터 정답

P.41

P.43

P.81

P.83
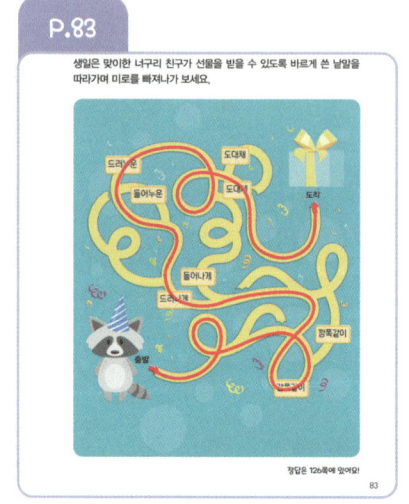

P.123

QR코드를 찍어보세요!
각 단계의 정답지와
무료 시트지를
확인 할 수 있습니다.

**기획 콘텐츠연구소 수(秀)**

"우리 아이들의 말과 글을 어떻게 하면 더 풍성하게 더 깊이 있게 가꿔줄 수 있을까?"를 끊임없이 고민하는 전·현직 초등 교사, 학부모, 에디터 등 교육 실천가들로 구성된 기획 집단. 지난 10여 년간 아이의 어휘력과 문해력 향상이라는 하나의 목표 아래 100여 종의 교재와 교육 콘텐츠를 함께 연구하고 개발하고 있습니다.

### 똑똑한 낱말퍼즐 1-2
ISBN 979-11-92878-40-9 73370

**초판 1쇄 펴낸날** 2010년 3월1일 ‖ **3차개정초판 1쇄 펴낸날** 2025년 9월 30일

**펴낸이** 정혜옥 ‖ **기획** 콘텐츠연구소 수(秀)

**표지디자인** book design twoesdesign.com ‖ **내지디자인** 이지숙

**홍보 마케팅** 최문섭 ‖ **편집** 연유나, 이은정 ‖ **편집지원** 소노을

**펴낸곳** 스쿨존에듀 ‖ **출판등록** 2021년 3월 4일 제 2021-000013호

**주소** 04779 서울시 성동구 뚝섬로 1나길 5(헤이그라운드) 7층

**전화** 02)929-8153 ‖ **팩스** 02)929-8164 ‖ **E-mail** goodinfobooks@naver.com

**블로그** blog.naver.com/schoolzoneok

**스마트스토어** smartstore.naver.com/goodinfobooks

■ 스쿨존에듀는 굿인포메이션의 자회사입니다. ■ 잘못된 책은 본사나 구입하신 서점에서 바꾸어 드립니다.

---

도서출판 스쿨존에듀는 교사, 학부모님들의 소중한 의견을 기다립니다. 책 출간에 대한 기획이나 원고가 있으신 분은 이메일 goodinfobooks@naver.com으로 보내주세요.